Marlis Gerhardt

Kein bürgerlicher Stern, nichts, nichts konnte mich je beschwichtigen

Essay zur Kränkung der Frau

Luchterhand

Originalausgabe
Sammlung Luchterhand, August 1982

Lektorat: Ann Anders
Herstellung: Martin Faust
Umschlag: Kalle Giese unter Verwendung eines Porträts
von Constance Marie Charpentier:
Mademoiselle Charlotte du Val d'Ognes
Gesamtherstellung bei der
Druck- und Verlags-Gesellschaft mbH, Darmstadt
ISBN 3-472-61393-9

Inhalt

Kein großer Trumeau, kein ›Jungfernkranz‹, kein Elefant über Theaterbrücken; keine Wohltätigkeitsliste, kein Vivat, keine Herablassung; keine gemischte Gesellschaft, kein neues Gesangbuch, kein bürgerlicher Stern, nichts, nichts konnte mich je beschwichtigen. Die Pockenmaterie muß raus; Schminke hilft nichts; und wäre sie mit Hausanstreichpinseln aufgekleckst! Unsre Krankengeschichte ist allein unsere Geschichte. Alle haben wir mit gefressen; und das muß wieder heraus.

Rahel Varnhagen
An Heinrich Heine in Hamburg
Dienstag, 21. September 1830
5 Uhr nachmittag

Sonnentag, nach einer kleinen
Ausfahrt; einem kleinen Diner,
einem kleinen Nachmittagsschlaf.

Schwierigkeiten mit der Emanzipation

Sprach man vor hundert Jahren, im ausgehenden »männlichen« Jahrhundert Friedrich Nietzsches von der »Frauenfrage«, so war selbst dem hartnäckigsten Misogyn einigermaßen klar, wovon die Rede war. Es ging, wie in anderen politischen Befreiungsbewegungen auch, um den Ausgang des zweiten Geschlechts aus einer Unmündigkeit, die anfing, die Aura eines Naturgesetzes einzubüßen.
Eine aufbegehrende weibliche Minderheit jedenfalls war nicht mehr dazu bereit, sich mit einer Situation abzufinden, die Luise Otto bereits um 1850, lange vor Ibsens Aufbruchstück übers Puppenheim der Nora Helmer so beschreibt:
»Die meisten Frauen bleiben Zeit ihres Lebens hindurch Kinder. Erst leben sie unter steter, ja stündlicher Aufsicht im Elternhaus und wagen keine anderen Ansichten zu haben als die in der Familie herrschenden.
Dann werden sie Gattinnen und urteilen im Geist ihres Mannes. Sie werden zu Puppen der Männer erzogen und zu einer Puppe ausgeputzt – und als solche hinausgeschickt auf den Markt des Lebens, sich einen Käufer zu suchen.«
Die Strategien der ersten Frauenbewegung waren verschieden, die Tendenz jedoch klar: Nora, die Puppe, das Anhängsel, hatte, um sich vom Kindweib zum Menschen zu erziehen, keine andere Wahl, als das Refugium ihres Hauses zu verlassen. Sie mußte, dies stand nie zur Diskussion, mit den Leiden auch die Freuden des Puppenheims aufgeben.
Wohin Nora, ohne Geld, ohne Bildung, ohne Beruf hätte gehen können, blieb allerdings offen. Die Utopie mußte zwangsläufig offenbleiben, sollte sie nicht ins billige happy-end einer vorschnellen Versöhnung umkippen.
Noras Verwandlung, ihr plötzlicher Abgang, ist eine utopische Projektion, die Phantasie eines männlichen Aufklärers,

über das was sein könnte: die Deformation der Puppe aber bleibt ausgeklammert.

Während Nora am Ende des Stücks einfach geht, während sie (wie es in der Regieanweisung heißt), das »Maskenkostüm« der Tarantellatänzerin mit dem »Alltagskleid« vertauscht, wurde es den vielen möglichen konkreten Frauen in der Situation Noras so schwer wie nur möglich gemacht, die Tür hinter sich zuzuwerfen.

Dem Weg ins Freie standen nicht allein die konkreten, gesellschaftlichen Barrieren entgegen, sondern auch die inneren Schwierigkeiten, die psychische Misere der Puppe, die Ibsen am Ende einfach ausblendet. Damit meine ich jenes Bild, das um 1800 von der frühen bürgerlichen Kulturphilosophie entworfen, am Ende des Jahrhunderts längst zum Selbstbild geworden war; akzeptiert nicht nur von Männern, sondern auch von Frauen, die glaubten, sich darin wieder zu erkennen. Das Besondere des Bildes, das zum weiblichen Ideal hochstilisiert wurde, bestand eben darin, Autonomie und Grenzüberschreitung nicht einmal wünschen zu dürfen.

Die Frauenbewegung hatte es von Anfang an mit einem Konflikt zu tun, der immer noch nachwirkt und noch längst nicht aufgelöst ist. Die formalen Rechte, die sie forderte, Frauenrechte, Bürgerinnenrechte, Teilhabe am Öffentlichen, stellt zwangsläufig ein weibliches Ideal in Frage, das auf den geschlossenen Raum, auf Innerlichkeit und Privatleben hin entworfen worden war.

Selbst noch so vorsichtig vorgetragene Forderungen widersprachen einem Ideal, das von einem rigiden philosophischen Konstrukt ausgeht; vom Postulat nämlich, daß es zwei Geschlechter gibt, die sich zwar ergänzen, aber keinesfalls in ihren spezifischen Eigenschaften, Qualitäten und Mängeln je überschneiden dürfen:

Was männlich ist, kann a priori nicht, zugleich auch weiblich sein und umgekehrt.

Allerdings gibt es da doch eine kleine Einschränkung: Wäh-

rend »feminine« Qualitäten am Mann zur Not noch erträglich scheinen, während sie mit der Selbstdefinition des Mannes noch halbwegs in Einklang zu bringen sind, ist es für die Frau ausgeschlossen, Eigenschaften und Rechte für sich zu reklamieren, die als exklusiv männlich definiert sind. Daß von der Frau, das »Männliche« betreffend, stets eine weit größere Verdrängungsleitung im Dienst des Ideals verlangt wird als vom Mann, läßt sich sowohl in literarischen Texten nachweisen, als auch in der Freudschen Theorie der Geschlechter, die die philosophische Spekulation des Jahrhunderts auf den Begriff bringt. Mit anderen Worten: das männliche Ideal ist als Ideal immer schon durchlässiger, es hat fließendere Grenzen als die Idee weiblicher Natur, die zwar ein wildes Durcheinander von Rollen, Masken und Typologien erlaubt, dafür aber denn auch bestimmte Möglichkeiten rigide ausschließt und mit dem Tabu Unweiblichkeit belegt.
Die große Anstrengung bürgerlicher Philosophie richtete sich stets darauf, in immer wieder neuen Argumenten und Warnbildern zu legitimieren, warum Weiblichkeit nur so und nicht anders definiert werden kann.
Zu den ganz raren Ausnahmen, die der Ideologie des Jahrhunderts widersprechen, gehören John Stuart Mill und Harriet Taylor, die in ihrem gemeinsam geschriebenen Buch »Die Hörigkeit der Frau« Einspruch gegen das Ideal formulieren:
»Bei den Frauen begnügte man sich nicht damit, unbequeme Eigenschaften zu zertreten, sondern man pflegte und zeitigte durch eine Treibhaus-Erziehung und künstliche Brutstätte diejenigen Seiten ihrer Natur, welche dem Wohlbehagen und Vergnügen ihrer Herren dienen sollten. Weil nun gewisse Zweige in dieser heißen Atmosphäre und bei sorglicher Pflege und Bewässerung üppig emporschießen und prächtig entwikkelt werden, während andere, welche derselben Wurzel entstammen, aber draußen dem Winterfrost preisgegeben und recht absichtlich in Schnee und Eis vergraben sind, sich nur kümmerlich entwickeln ... glauben die Menschen ... der Baum wachse von selbst so, wie sie ihn zu wachsen

gezwungen haben, und er würde ausgehen, wenn er nicht zur Hälfte in ein Dampfbad gehalten, zur Hälfte in Schnee gesteckt würde.«

Nicht zufällig wurde dieser »Treibhaus-Charakter« gerade im 19. Jahrhundert, auf dem Höhepunkt bürgerlich-patriarchalischer Kultur, zum weiblich sittlichen Ideal stilisiert. Zwar, die Unterdrückung der Frau ist selbstverständlich keine Erfindung der Jahre vor und nach 1800, nur wurde sie gerade in diesen Jahren auf den philosophischen Begriff gebracht, zugespitzt und neu legitimiert. Die psychischen Fundamente der Kränkung wurden in dem historischen Moment tiefer gelegt, in dem das soziale Schicksal der Frau zur ewigweiblichen Natur verklärt wurde.

So wurden zum Beispiel (wie die Soziologin Karin Hausen von der neueren Zivilisationsforschung ausgehend nachweist), noch in den Lexika und in der Hausväterliteratur des 18. Jahrhunderts unter dem Stichwort »Frau« keine allgemeinen, aus Geschlecht und Charakter abgeleitete Eigenschaften angeführt, sondern vielmehr »die Rechte, Pflichten und Verrichtungen der Hausfrau, der Handwerks- und der Kaufmannsfrau.«

Für die Frau galten ebenso wie für den Mann, Normen, Rechte und Pflichten, die mit dem Stand und der Arbeit fürs ganze Haus zu tun haben. Erst um 1790, mit dem krisenhaften Übergang der alten Gesellschaft in die neue bürgerliche Familie, verändert sich das System der Zuordnungen. Für den Mann allerdings verändert sich nicht sehr viel; der psychische Charakter der Frau aber wird, entsprechend den neuen Bedürfnissen nach Gefühl, Innigkeit und Privatheit umgebaut. Die alte, durch »kalte« Strukturen festgelegte Familie, in eine Sinnkrise geraten, bedarf einer anderen Legitimation.

Zur neuen Sinngebung gehört die Vorstellung der romantischen Liebe, verstanden als Verschmelzung zweier Individuen. Karin Hausen bemerkt zur neuen Liebesunordnung, zu den frühen romantischen Aufbruchphantasien:

»Die andere Konsequenz, die gleichzeitig als Bestandteil der neuen Liebesauffassung und als Reaktion gegen unerwünschte Emanzipationsforderungen wirksam wurde, war die Suche nach einer neuen Form der Legitimation für den traditionellerweise auf die Familie eingeschränkten und dem Ehemann untergeordneten Aktionsspielraum der Frau. Es ging darum, im Falle der Frauen die postulierte Entfaltung der vernünftigen Persönlichkeit auszusöhnen mit den für wünschenswert erachteten Ehe- und Familienverhältnissen. Das Interesse an ›Geschlechtscharakteren‹ entwickelte sich im Zusammenhang mit diesen Bestrebungen.«
Konsequenz dieser Entwicklung ist um 1800 die Erklärung der Frau zum Geschlechtswesen; durch ihre Natur, nicht etwa durch den Mann, bestimmt zur Hausfrau, Gattin und Mutter. Den eigentlichen Sinn dieser veränderten und verändernden Zuschreibungen interpretiert Karin Hausen so:
»Deutlich wird in allen diesen Argumentationen die Frau durch Ehe und Familie und Ehe und Familie wiederum durch die Frau definiert. Im Unterschied zu früher aber wird allein die Frau und nicht mehr der Mann durch die Familie definiert; und ebenfalls anders als früher stecken jetzt die Prinzipien beziehungsweise Ergebnisse der Natur, Geschichte und Sittlichkeit zusammen den Rahmen ab, innerhalb dessen hohe Weiblichkeit sich auszubilden und bei Strafe der Unnatur den Übergang beider Charaktere ineinander zu vermeiden hat.«
Der philosophische Kunstgriff erscheint heute, aus der Retrospektive, fast schon genial. Am Ende des psychischen Umbaus der individuellen Frau zum Geschlechtswesen nämlich erscheint auf einmal das neue Ideal; eine weibliche Natur, die sich, wie vorgegeben wird, als Natur dem Zugriff des Mannes und seiner Herrschaft immer schon entzogen hat.
In der »Dialektik der Aufklärung« von Adorno und Horkheimer heißt es dazu: »Als Repräsentantin der Natur ist die Frau in der bürgerlichen Gesellschaft zum Rätselbild von

Unwiderstehlichkeit und Ohnmacht geworden. So spiegelt sie der Herrschaft die eitle Lüge wider, die anstelle der Versöhnung der Natur deren Überwindung setzt. Die Ehe ist der mittlere Weg der Gesellschaft, damit sich abzufinden: die Frau bleibt die Ohnmächtige, indem ihr die Macht nur vermittelt durch den Mann zufällt.«

Auffallend ist, daß in allen philosophischen Exkursen des 19. Jahrhunderts, die sich mit weiblicher Sitte und Bestimmung befassen, dem neu erfundenen Naturgeschöpf immer wieder »Schweigen« zugeordnet und auferlegt wird. Es scheint fast, als traue der männliche Schöpfer dem Konstrukt nicht ganz, als erschiene ihm das allzu perfekte Bild in der Empirie nicht haltbar. Selbst Nietzsche versagt es sich nicht, im Zweiten Buch der »Fröhlichen Wissenschaft« eine Apologie weiblicher Stille einzufügen:

»Es scheint der Lärm hier hat mich zum Phantasten gemacht? Aller großer Lärm macht, daß wir das Glück in die Stille und Ferne setzen. Wenn ein Mann inmitten *seines* Lärms steht, inmitten seiner Brandung von Würfen und Entwürfen: da sieht er auch wohl stille zauberhafte Wesen an sich vorübergleiten, nach deren Glück und Zurückgezogenheit er sich sehnt – *es sind die Frauen.* Fast meint er, dort bei den Frauen wohne sein besseres Selbst: an diesen stillen Plätzen werde auch die lauteste Brandung zur Todesstille und das Leben selber zum Traume über das Leben.«

Das Sehnsuchtsbild begnügt sich nicht mit dem Lob der schweigenden, der stillen Frauen, hinzu kommt der Vergleich zwischen männlicher »Brandung« und der von der Frau ausgehenden »Todesstille«. Im metaphorischen Bild Nietzsches wird die Überzeugung noch verstärkt, die Frau stehe außerhalb eines Lebens, das Männlichkeit ist. Die Sehnsucht des Mannes nach der Frau ist Sehnsucht nach dem Tod, Sehnsucht nach dem Stillstand des Lebens. Das ambivalente Bild endet, im selben Text, mit Zurücknahme durch den Hinweis auf die Wirklichkeit:

»Jedoch! Jedoch! Mein edler Schwärmer, es gibt auch auf dem

schönsten Segelschiffe so viel Geräusch und Lärm, und leider so viel kleinen erbärmlichen Lärm! Der Zauber und die mächtige Wirkung der Frauen ist, um in der Sprache der Philosophen zu reden, eine Wirkung in die Ferne, eine *actio in distans:* dazu gehört aber, zuerst und vor allem – *Distanz!*«

Der Verdacht, der hier geäußert wird, ist deutlich. Das Ideal ist fern der Empirie, die Idealisierung der Frau zum schweigenden Engel, zur klassizistischen Marmorstatue funktioniert nur auf Distanz, ungestört durch weiblichen Einspruch.

Am Ende des Jahrhunderts beschreibt Sigmund Freud fast wider Willen und gegen die Überzeugung, die er mit seinem Jahrhundert teilt, was sich hinter diesem weiblichen Schweigen im Dienst des Ideals eigentlich verbirgt: das Leiden an einer Kränkung, die »ohne Satisfaktion« bleiben muß und nicht zur Sprache kommen darf. Die »Leidensgeschichte«, die aus der schweigend hingenommenen Kränkung folgt, führt zu dem, was er die »weibliche Wunde« nennt. Diese Wunde, die narzißtische Kränkung der Frau, ist jedoch, wie Freud annimmt, unheilbar. Sie muß als biologischer Imperativ hingenommen werden, will die Frau das weibliche Ideal nicht verfehlen.

In der »Dialektik der Aufklärung« heißt es einmal:

»Weibern und Juden sieht man an, daß sie seit Jahrtausenden nicht geherrscht haben.«

Der Akzent liegt für mich dabei nicht auf Herrschaft und herrschen, sondern auf »Sieht man an«. Das nämlich heißt: Die Kränkung, die Wunde, ist so sehr zur ersten Natur geworden, daß sie sich an der Oberfläche zeigt, ohne daß von ihr überhaupt die Rede sein müßte. Das Stigma verrät mit welcher »Rasse« »man« es zu tun hat.

Im anderen Zusammenhang der »Minima Moralia« bemerkt Adorno:

»Die sich als Wunde fühlt, wenn sie blutet, weiß mehr von sich als die, welche sich als Blume vorkommt, weil das ihrem

Mann in den Kram paßt ... Die Glorifizierung des weiblichen Charakters schließt die Demütigung aller ein, die ihn tragen.«

Selbstverständlich litten und leiden auch Männer an Verstörungen ihres Selbstwertgefühls. Nur traf sie die Kränkung stets an bestimmten individuellen Punkten ihrer Biographie. Die Kränkung der Frau aber meinte nie die individuelle Frau, sondern stets ihr Geschlecht, den anatomischen Imperativ: Und nur ihr wurde immer wieder nahegelegt, die Wunde als Schicksal hinzunehmen.

Die traumatische Verletzung hat die Gesellschaft überlebt, in der sie zur Natur verklärt wurde; ihre konkreten Folgen sind nach wie vor jeden Tag zu erkennen. Gerade in weiblichen Autobiographien wird die Verletzung zum Grundmuster; die Kränkung zu der einen Erfahrung, die andere, mögliche Erfahrungen ausschließt. Der Zusammenhang von Ideal und Depression, von Geschlecht und latenter Hoffnungslosigkeit ist noch immer nicht aufgeklärt.

Über alle noch so einsehbaren Daten und Fakten hinaus gibt es hier einen trüben Rest, der im Halbbewußten weiterwirkt. Die Erinnerungsspuren, das Stigma einer schlechten Vergangenheit, wirkt sogar in Teilen der neuen Frauenbewegung nach. Gerade jene Frauen, die auszogen, die Frage nach der Identität zu radikalisieren, nicht mehr nur Gleichberechtigung, sondern das Recht auf Anderssein für sich zu reklamieren, sind dem alten Bild auf den Leim gegangen: Für sie ging es auf einmal nicht mehr um Aufhebung der Geschlechterschranke, sondern um Rückzüge.

Am deutlichsten hat die Italienerin Rossana Rossanda das Dilemma in ihrem Buch »Einmischung« formuliert: »Der neue Feminismus ... sah sich gezwungen, ein radikal *anderes* Prinzip der weiblichen Identität zu suchen. Und dabei litt er – und leidet er meines Erachtens noch heute – an einem chronischen Schwanken zwischen zwei Versuchungen, das nicht selten zu einer Verknäuelung führt: auf der einen Seite die Suche nach einer Identität in jener abgesonderten Sphäre, die den Frauen aufgedrängt worden ist, die aber seit Jahrtausenden ihren gelebten Alltag ausmacht – nämlich im Reich der Affektivität, der Körperlichkeit, der Gefühle, der Gewaltlosigkeit, der Sanftheit, der Schönheit, der täglichen Reaffirmation des Lebens, bis hin zur Verherrlichung der weiblichen Sexualität als der ach so zarten, diffusen, fließenden, rezeptiven und zur Wiederentdeckung der Mutterrolle als Schicksal. Auf der anderen Seite die heftige Ablehnung dieser Identifikation, weil sie in jedem Falle, ob aufgezwungen oder gefordert, als Projektion der Identität des Anderen entsteht, als komplementäres Trugbild der männlichen Sexualität.«

Der neue Feminismus ist, zumindest in der Bundesrepublik, der ersten Versuchung erlegen; der Verführung, die darin liegt, sich abzusondern, wegzugehen; die männlichen Mantel- und Degenstücke hinter sich zu lassen.

»Hin- und hergerissen zwischen weiblicher Nicht-Identität und Totalisierung der Weiblichkeit, seinen beiden Extremen, bleibt er in jedem Fall separat, abgetrennt vom Rest der Welt, da er weder diesen anders zu denken vermag noch gar sich selbst«, bemerkt Rossana Rossanda zu dieser neuen feministischen Expedition ins Exil.

Das Dilemma liegt, nehme ich an, vor allem darin, daß feministische Autorinnen und Theoretikerinnen, der bloßen Repetition des Leidens müde, in den siebziger Jahren, sozusagen aus dem Stand, versuchten, eine neue weibliche Identität zu entwerfen. Aus dem Mangel heraus, griffen sie zu jenen Qualitäten, die in der patriarchalischen Geschichte der letzten 200 Jahre als spezifisch weiblich galten: zum Konstrukt weiblicher Sanftheit, Aggressionslosigkeit, Machthungerlosigkeit, Spontaneität und vor allem zum Postulat einer besonderen weiblichen Nähe zur Natur.

Das feministische Selbstmißverständnis liegt für mich im Versuch, des Kaisers alte Kleider so zu drehen und zu wenden, bis aus den verblichenen Resten eine neue weibliche Sprache, eine weibliche Identität werden könnte. Wieder einmal wird durch ein hermeneutisches Kunststück versucht, die Geschlechterschranke nur diesmal im Interesse der Frau, so rigide zu bestimmen, daß sich aufs neue zwei Geschlechter gegenüberstehen, denen nur das eine übrigbleibt, sich die alte Entfremdung immer wieder zu bestätigen.

Das, was vielleicht sein könnte, »die Überschreitung einer nicht ausgemachten Geschlechtsschranke, die Aufhebung gefrorener Undeutlichkeit«, wie Ernst Bloch im Prinzip Hoffnung formuliert, geschieht nicht. Die neue aktuelle Parole nämlich heißt anders: Befreiung der Frau zur Frau pur und zwar außerhalb der Institutionen, deren männerbündischer Charakter, wie angenommen wird, sowieso nicht aufgebrochen werden kann.

Direkt oder indirekt wird damit behauptet, daß die Frau, distanziert sie sich nur von der männlichen Wirklichkeit und räumt sie mit dem kulturellen und technologischen Müll auf, der ihr bisher vom Mann aufgezwungen wurde, durch Rückzug zu ihrem unter der Schminke verborgenen wahren Wesen finden kann.

Um das verdeckte Wahre zu finden, muß nur alles Männliche ausgeblendet und verdrängt werden. Der »männlichen Sphäre« Ratio, Intellekt, Technik, Wissenschaft, Abstraktion, wird die schöne weibliche Seite entgegengesetzt: Spontaneität, Sinnlichkeit, Körperlichkeit, Intuition, Gefühl, Natur und neue Mütterlichkeit.

Die Voraussetzung dieser Polarisierung ist: Die aus der Geschichte der männlichen Herrschaft ausgeklammerte Frau ist durch ihre Unterdrückung nicht etwa verkümmert und reduziert, sondern hat sich im Gegenteil ihre Natur bewahrt. Sie ist mitten in der Industriegesellschaft die schöne Fremde geblieben, diejenige, die an einem Gefühlsanspruch festhält, für den der Mann blind geworden ist. Durch die große Verweigerung wird es ihr möglich, auszusteigen, sich jenseits der Sphäre der Macht ihre eigene Welt zu bauen. Am Ende des Rückzugs aber steht die neue und zugleich uralte weibliche Identität.

Einen Ausweg aus der Sackgasse der undeutlichen Gefühle sehe ich in den Arbeiten jener Autorinnen, die versuchen, ohne Festlegungen auszukommen.
Die Französin Luce Irigaray zum Beispiel, die einzige Philosophin vielleicht, die feministisch argumentiert, ohne sich auf eine neue Mystik zurückzuziehen, versucht einen anderen Weg. Sie nämlich bestimmt das weibliche Geschlecht in seiner bisherigen kulturellen Erscheinung als »Defizit« und als »Mangel«. Dieses Defizit hat nichts mit Natur oder Biologie zu tun, sondern folgt aus den erzwungenen Verengungen, aus der Verdrängung vor allem der eigenen Wünsche. Die Frau konnte sich bisher, »immer nur fragmentarisch beweisen, immer nur an den Rändern einer herrschenden Ideologie«. Was der Frau, jeder Frau, bis heute fehlt, ist das »Imaginäre«. Gemeint ist damit ein Selbstentwurf, ein Ich-Ideal, das nicht mehr die männliche Projektion widerspiegelt, sondern den Wunsch der Frau. Wenn es aber bis heute kein weibliches Imaginäres gibt, dann kann es auch nicht darum gehen, eine verlorengegangene Wahrheit wiederzufinden: Es geht vielmehr allein und zuerst darum, die »blinden Flecken« der Subjektivität aufzudecken, die zur weiblichen Geschichte gehören; oder wie Luce Irigaray formuliert, »das black out des Sinns«.
Die Frau, die versucht, sich selbst aufzuklären, statt den Mangel zu kompensieren, oder neu zu legitimieren, steht nicht einfach außerhalb der Kultur, jenseits der männlichen Geschichte. Sie erfährt sich vielmehr im Spiegel einer Logik, die »das Weibliche in der Verdrängung, unter der Zensur, genauer in der Verkennung festhält«.
Was sie, das Spiegelstadium und das Schweigen verweigernd, tun kann, um sich selbst als Subjekt zu finden, ist nicht der Rückzug in einen »neuen Kerker, ein neues Kloster, das sie sich freiwillig erbauen würde«.
Es geht für sie darum, so sprechen zu lernen, »daß das Männliche nicht länger ›das Ganze‹ wäre. Das es nicht länger

für sich allein die Eigenschaft(en) des Ganzen/von Allem definieren, umgarnen und umschreiben könnte, oder auch, daß das Recht, jeden Wert zu definieren – einschließlich des mißbräuchlichen Privilegs der Aneignung – ihm nicht länger zukommen würde.«

Oder anders gesagt: es kann im Moment gar nicht darum gehen, einen anderen Begriff weiblich auszuarbeiten. Es wäre sinnlos, ad hoc neue Frauen zu erfinden, oder sich auf ferne, archaisierende Bilder zurückzuziehen: Luce Irigaray sagt dies sehr klar:

»Zu sagen, daß die Weiblichkeit ein Begriff ist, heißt bereits, sich in ein männliches Repräsentationssystem vereinnahmen zu lassen . . . Wenn es also darum geht, die »Weiblichkeit« in Frage zu stellen, heißt es noch lange nicht, einen anderen Begriff der Weiblichkeit auszuarbeiten – es sei denn, auf unser Geschlecht zu verzichten und wie die Männer sprechen zu wollen, d. h. noch einmal eine Theorie der Frau auszuarbeiten –. Ich glaube, die Männer tun genug dazu, eine Theorie der Frau auszuarbeiten. Dieser Begriff wäre einer weiblichen Sprache fremd.«

Die Frau, die auf fixierte Bilder verzichtet, vollbringt allerdings einen Trapezakt auf hohem Seil: die eine Gefahr, die ihr droht, liegt in der Regression auf die archaische Mutter, auf ein idyllisches Matriarchat. Die andere Gefahr ist die unbewußte Identifikation mit der männlichen Tradition, ihren Verführungen und ihren Ritualen.

Die Frau, die anfängt »als Frau« zu denken, als Subjekt, das von sich selbst weiß, am Rand der Kultur und außerhalb der Übereinkünfte zu stehen, stellt durch ihr Wissen diese Übereinkünfte bereits in Frage. Das männliche Wahre ist für sie nicht mehr das Ganze; der Unterschied zwischen den Geschlechtern wird von ihr weder absolut gesetzt, noch auf die soziale Frage reduziert. Es geht vielmehr um den Versuch, eine Differenz zu denken, deren Bedeutung außerhalb der vom Mann gesetzten Projektionen, außerhalb seiner Wünsche und Ängste, noch unbestimmt ist.

Ob am Ende einer Entwicklung, die das verdrängte, der Zensur unterliegende Weibliche als autonomes Subjekt hervorbringt, zwei oder n-Geschlechter oder vielleicht eine andere Kultur ohne fixierte Zuschreibungen steht, bleibt eine offene Frage. Diese Offenheit ist sogar unsere einzige Chance, neuen Festschreibungen und Begriffen zu entgehen.
Die andere – nicht aber die »ganz« andere Frau –, die sich mit ihrer historischen Rolle nicht mehr identifiziert, ihre Geschichte aber auch nicht vergißt, könnte auf dem Weg sein, die Selbstentfremdung aufzuheben.

Lucinde oder die Erfindung des Glücks

»Drum leb ich, ewig Träume zu betrachten« heißt es in einem Gedicht der Karoline von Günderode. Vom Glück, von der Hoffnung auf Liebe, von privaten Utopien und Enttäuschungen ist nicht nur bei ihr, sondern in all den Briefen und Gedichten, die um 1800 von jenen Frauen geschrieben werden, die als »Romantikerinnen« gelten, sehr oft die Rede.
Nur bleibt es beim Wunsch, die Realität zwischen Männern und Frauen sieht anders aus.
Karoline zum Beispiel schreibt an ihre Freundin Bettina von Brentano: »Gedichte sind Balsam auf Unerfüllbares im Leben; nach und nach verharrscht es, und aus der Wunde, deren Blut den Seelenboden tränkte, hat der Geist schöne rote Blüten gezogen, die wieder einen Tag blühen, an dem es süß ist, der Erinnerung Duft aus ihnen zu saugen.«
Karoline von Günderode bringt sich um, als ihre Träume endgültig scheitern und als der Mann, den sie liebt, Friedrich Creuzer, »Entsagung« empfiehlt und sich auf seine alltägliche, unglückliche Ehe zurückzieht. Die Poetisierung des Lebens bleibt ein literarisches Manifest, ein Programm auf dem Papier; in der Realität kommt es entweder zum bürgerlichen Trauerspiel oder zum Arrangement mit der Konvention. Das eigentliche Paradox der romantischen Aufbruchsphantasien scheint im Unverhältnis der Geschlechter zu liegen, in der Unfähigkeit, sich über die Lebenspraxis zu verständigen.
Zwar: Zum ersten Mal gelingt es nicht nur einzelnen Frauen, sondern einer Gruppe, ihre Lage zu reflektieren und die eigenen Wünsche zu artikulieren. Die Männer, die Adressaten dieser Briefe und Gedichte, aber schrecken davor zurück, so zu leben, wie sie es in ihren eigenen literarischen Äußerungen fordern.
Friedrich Creuzer zum Beispiel erklärt Karoline von Günde-

rode in seinen Briefen zur Muse: er stellt sie aufs Podest und macht sie zur Allegorie für Liebe, Schönheit und Poesie. Als sie ihm jedoch anbietet, zu ihm zu kommen und in einer Ehe zu dritt mit ihm und seiner Frau zu leben, schreckt er vor dem Skandal zurück. Er rät zur Vernunft und zur Resignation. Sie aber lehnt sich noch einmal auf und schreibt 1815, kurz vor ihrem Selbstmord, an einen Freund:

»Ihr Brief, lieber Daub, hat mir mehrere Stunden des peinlichsten Kampfes bereitet, aber verzeihen Sie mir, aus diesem ist die der Ihren entgegengesetzte Ansicht wieder neu und kräftig hervorgegangen. Ist das eine rechte Ehe, wenn zwei Wesen sich gänzlich verstehen und lieben, sich besitzen und besessen werden, wenn das innerste, heiligste Leben des Einen sich nur von dem Andern entzündet und nährt? und wenn das eine rechte Ehe ist, so ist die eine Sünde an der Natur, die zwei Gemüther, die sich einander nicht genügen, nicht verstehen und lieben, in eine peinigende Fessel schlägt, in welcher das Herz des Einen sich in unbefriedigter Sehnsucht qualvoll verzehrt; und warum, weil es sich einmal irrte, mag es verschmachten, wer fragt nach dem heimlichen Ächzen des gemisshandelten Herzens, wenn nur der Mensch nicht gleich darüber stirbt, so beruhigen sich alle, meinend, es werde sich schon geben; aber es gibt sich nicht und viel schlimmer ist es, so leben als sterben. Können Sie glauben, die Frau würde nun glücklich sein wenn ich entsagt hätte? wahrlich es kann ihr nicht wohl sein im Bewusstsein, dass sie einen Mann zwinge, ihr zu bleiben, dessen ganzes Wesen sich weg sehnt von ihr, und selbst dann, wenn sie ihn so behaupten wollte, besässe sie ihn nicht, denn man besitzt nur, von dem man geliebt wird, oder sie besässe ihn wie der Kerker den Gefangenen; und wenn es so schwer ist, einen solchen Besitz aufzugeben, ihr, die doch noch einer andern schönen Zukunft in ihren Kindern entgegen sieht, muss da nicht das Herz zerbrechen, das dem Einzigen entsagen soll, das geliebt wird und liebt? Aber vielleicht würde er sie nachher wieder lieb gewinnen? – C. hat mir oft heilig versichert, dass schon lange ehe er mich gekannt habe, eine öde Leere, ein Sehnen nach einer Liebe, wie sie ihm gezieme, ihm bewusst gewesen sei; und nun, nachdem er die Liebe hat kennen lernen, nun sollte er lieben, was ihm vorher nicht genügte? – Es ist mir deutlich geworden, dass durch mein Entsagen keinem gründlich geholfen würde, wohl aber mehrere unglücklich werden.«

Christa Wolf versucht (in einem Essay über Karoline von Günderode) die Erklärung dessen, was um 1800 zwischen Männern und Frauen eigentlich vorgeht:

»Ein Verhängnis. Der gleiche Augenblick, der Frauen befähigt zu Personen zu werden, – was heißt, ihr »wirkliches Selbst« hervorzubringen und sei es wenigstens im Gedicht –, dieser gleiche historische Augenblick drängt die Männer zur Selbstaufgabe, zur Selbstzerstückelung, beschädigt ihre Fähigkeit zu lieben, zwingt sie, die Ansprüche unabhängiger, zur Liebe fähiger Frauen als ›unrealistisch‹ abzuweisen.«

Was in der Realität scheitert, versucht Friedrich Schlegel in seinem Roman »Lucinde« als Utopie durchzuspielen: die freie Vereinigung zweier Menschen, denen es gelingt eine »wahre« Ehe zu führen.

Das neue Ideal der ›Lucinde‹ ist nicht nur Utopie, sondern zugleich auch Spiegelung jener Hoffnungen und Phantasien, die zwischen 1790 und 1800 immer wieder entworfen werden.

Zugleich geht es um autobiographische Erfahrungen Friedrich Schlegels, es geht um seine Neigung zu Caroline Schlegel und um seine Liebe zu Dorothea Veit, die in der Zeit, als der Roman geschrieben wird, noch mit einem anderen Mann verheiratet ist.

Derartiges geht in den Roman in leicht zu entschlüsselnder Form ein. Über die Aufarbeitung der persönlichen Erfahrung hinaus enthält die Lucinde in Spuren auch noch Vorstellungen der Aufklärung über eine Freiheit, die auch die Frau meint und nicht nur der Mann:

»Lucinde ist nach dem Realbild der Dorothea Mendelssohn konzipiert. Sie meint jenen kurzlebigen Augenblick zwischen dem Ende des Ancien Régime und einer noch unerprobten, doch ernstgemeinten Bürgerlichkeit der totalen Egalität. Noch wird darin auch die Frau mit den geistigen Waffen von der Männerwelt anerkannt; auch die Frau sogar, die freie Partnerwahl und den nicht minder freien Partnerwechsel praktiziert.« (Dies bemerkt Hans Mayer in seinen »Außenseitern« zum Thema Lucinde.)

Um 1800 allerdings ist der Typus, den die literarische Gestalt der Lucinde repräsentiert, bereits die unerwünschte und störende Ausnahme.

Erst am Ende des 19. Jahrhunderts erscheint ein Frauentyp, der ihr ähnlich ist (allerdings gewandelt und ins Gefährliche übersteigert) wieder in der Literatur: die femme fatale, die Bohemiènne, das Malweib, die Hetäre. Aus Lucinde, der aus Enge und Konvention befreiten Frau der Romantik, wird, 100 Jahre später, Lulu, die Frau des Jugendstils, das »Weib« gesehen als erotischer Dämon. Lulu repräsentiert in Frank Wedekinds Stücken »Erdgeist« und »Die Büchse der Pandora« eine weibliche Natur als Trieb-Natur, jenseits der vom Mann bestimmten Kultur und Zivilisation. Lucinde dagegen ist für den Mann, der sie liebt, keine Gefahr. Sie ist kein Erdgeist, der Büchse der Pandora entsprungen, sondern vielmehr befreiende und befriedigende Natur, die den Mann weder ausschließt noch bedroht, sondern ihn in den Zauberkreis ihrer Ursprünglichkeit und Spontaneität einbezieht. Lulu repräsentiert das seinem Käfig entsprungene weibliche Tier, das sich für die jahrhundertelange Einsperrung rächt. Lucindes, des Naturkindes Natur (vor dem Kampf der Geschlechter) repräsentiert der Tendenz nicht dem Gelingen nach, die utopische Überschreitung der Geschlechterschranke, die glückende Verbindung von Frau und Mann in einer freien Beziehung.

Als der Roman »Lucinde« 1899 in Berlin erschien, wurde das Buch zum Skandal. Der Versuch Friedrich Schlegels, die

Ästhetik der Klassik durch sein Konzept einer »progressiven Universalpoesie« zu überholen, wurde von der Kritik abgelehnt.

Skandalös erschien nicht allein die offene Form des Romans, sondern vor allem der Versuch, im literarischen Probehandeln die Idee einer von allen bürgerlichen Zwängen befreiten Liebe zwischen Mann und Frau durchzuspielen. Lucinde wurde als »gewissenlose Schrift« bezeichnet, die an »Ärgerlichkeit und Verworfenheit die unzüchtigen Schriften, welche sittenlose Franzosen vor der Revolution hervorgebracht haben, womöglich noch übertrifft«.

Friedrich Schlegel selbst distanzierte sich später, politisch konservativ geworden und zum Katholizismus konvertiert, von der »törichten« Lucinde. In der Gesamtausgabe seiner Werke nahm er sie so wenig auf, wie die Athenäumsfragmente, die, in den neunziger Jahren entstanden, zum philosophischen Umfeld des Romans gehören.

Heute gelesen ist in der Lucinde nicht einmal in Spuren etwas von jener Rokoko-Laszivität und der Libertinage zu entdekken, die Friedrich Schlegel von der Kritik vorgeworfen wurde. Was sein Konzept ins Zwielicht rückte, ist heute nur noch auf dem Hintergrund des um 1800 bereits festgeschriebenen Frauenbildes der Klassik zu verstehen.

»Die Frauen sind schon auf dem Weg in die Sphäre des Ideals! Ihr Körper ist letztlich schon hier die Projektionsfläche des ästhetischen Scheins – der Schleier der von Helena und ihrem Verschwinden noch zeugt.« Dies bemerkt Gottfried Kößler zur neuen Frau des bürgerlichen Jahrhunderts.

In einem Kapitel seines Buches »Männerphantasien« interpretiert Klaus Theweleit die »neue Sittlichkeit« der Klassik als »neue Landnahme an den Küsten der Weib-Natur«. Gemeint ist mit dieser Formulierung die Unterdrückung der konkreten Frau gerade durch ihre literarische Überhöhung und Idealisierung: Erst »die Autoren der deutschen Klassik« antworten auf die Sexualisierung der bürgerlichen Frau (gemeint ist damit das 18. Jahrhundert) »mit neuer Moral, mit einem neuen Kult des Einzigen, mit einem neuen Frauenbild der Höhe«.

Dieses »Frauenbild der Höhe« diente nicht allein dem Kult einer Vorstellung des ewig Weiblichen, das den Mann aus den Wirren seiner irdischen Existenz erlöst. Die Idealisierung vielmehr folgt, wie Klaus Theweleit nachweist, aus dem Versuch einer Generation bürgerlicher Intellektueller zur Verdrängung der gescheiterten bürgerlichen Revolution; es geht im ästhetischen Entwurf um die Verschleierung der konkreten politischen Machtverhältnisse: »Die Wortströme von der Freiheit des Menschengeschlechts versickerten im Frauenbild der Höhe.«

Das heißt: die Auseinandersetzung bürgerlicher Intellektueller mit dem Adel und mit den gesellschaftlichen Herrschaftsstrukturen verläuft nicht mehr auf der Ebene der Politik, sondern wird auf die unverfänglichere und weniger riskante Sphäre der Sittlichkeit übertragen. Eine Verschiebung, die dazu geeignet ist, vom Hier und Jetzt abzulenken; von dem also, was nicht direkt gesagt und nicht geschrieben werden kann. Theweleit beschreibt die Verschiebung am Beispiel des bürgerlichen Trauerspiels:

»Im bürgerlichen Trauerspiel wird der Leib der bürgerlichen Frau von den schmutzigen Fingern des Adels reingehalten dadurch, daß sie von ihren Autoren getötet wird; mit Dolch und Giftfläschchen sorgen Lessing und Schiller für die Unversehrtheit der Leiber der Bürgermädchen. Der Klassenkonflikt spielt sich ab über Liebesgeschichten; würde sich nicht ein Adliger in eine Musikertochter verlieben, fiele es vielleicht gar nicht auf? Und statt den Adel real zu erniedrigen, wird die bürgerliche Frau erhöht, unaufhaltsam ihre Erhebung in die Dramentitel; als tote oder hohe Frau liefert sie den Baustoff für die klassische Ästhetik ...; Emilia Galotti, Luise Millerin, ein vertrauendes Klärchen, ein liebendes Klärchen, das ihrem Egmont im Traum als Freiheitsgöttin erscheint, eine Iphigenie, die die Welt miteinander *ver*söhnen muß, ohne daß es befreite Frauen gibt.«

Zu einem derartigen Wunschbild gehört mit Notwendigkeit die Verleugnung einer weiblichen Sexualität, die sich über die Grenzen des Standes hinwegsetzen könnte. Die Frau kann, was ihre Sexualität betrifft, allenfalls als passives Opfer der männlichen Verführung gedacht und entschuldigt werden.
»So garantiert die neue Sittlichkeit den Unterdrückungszusammenhang der weiblichen Sexualität von einer Gesellschaft zur nächsten und sichert damit den Herrschaftszusammenhang zwischen beiden; die nicht befreite Frau liefert wieder das Material zum Bau der inneren Grenzen des Lebens . . .«
Zur ästhetischen Idealisierung der Frau gehört nicht allein ihre verleugnete Sexualität, sondern darüber hinaus die starre Festlegung auf bestimmte »weibliche« Eigenschaften: nur die Frau, die dem Mann als die ganz Andere, seiner Sphäre Entrückte, dem Realitätsprinzip nicht Unterworfene entgegentritt, kann Gegenstand der Idealisierung werden.
Die intellektuellen und erotischen Freiheiten, die das 18. Jahrhundert einer weiblichen Minderheit zögernd zugestand, werden jetzt nur noch als Symptome der Dekadenz interpretiert und abgewehrt; von möglicher Freiheit ist keine Rede.
Die Argumente der deutschen Klassik gegen die Aufklärung, die als Libertinage abgewehrt wird, entsprechen ziemlich genau den Argumenten gegen die »Sittenlosigkeit« der Lucinde. Sie richten sich in großer Entschiedenheit gegen den Versuch Friedrich Schlegels, die inzwischen eingetretene literarische Idealisierung aufzuheben, das Marmorbild vom Kopf auf die Füße zu stellen und die der Realität entrückte Frau wieder in den Besitz ihres Körpers zu bringen.
Schlegels Äußerungen über »wahre« und »falsche« Ehen, seine Parteinahme für »sanfte Männlichkeit« und »selbstbewußte Weiblichkeit« zeigen in der Form des Fragments, worum es geht: nicht um eine Philosophie des Boudoirs, sondern um eine neue Definition der Geschlechterrollen im Zeichen androgyner Annäherung des Mannes an die Frau.
Die Kritik Schlegels gilt in gleicher Weise den Begrenzungen,

die der Frau zugemutet werden, wie der Rolle des Mannes, der Gefühl und Spontaneität, Passivität und die Lust am Müßiggang in sich unterdrücken muß, um seiner Selbstdefinition zu entsprechen. Die Rollen, die beide Geschlechter zu spielen haben, sind für Schlegel nichts anderes als eine Maskerade, die gesellschaftliche Zwänge und Zumutungen widerspiegelt: »Was ist häßlicher als die überladne Weiblichkeit, was ist ekelhafter als die übertriebne Männlichkeit, die in unseren Sitten, in unseren Meinungen, ja auch in unsrer bessern Kunst herrscht? . . .
Aber eben der herrschsüchtige Ungestüm des Mannes, und die selbstlose Hingegebenheit des Weibes ist schon übertrieben und häßlich. Nur selbständige Weiblichkeit, nur sanfte Männlichkeit ist gut und schön.«
In einer Rezension des heute vergessenen Romans »Woldemar« von F. J. Jacobi, der den Konflikt eines Mannes zwischen zwei Frauen aus der Perspektive des Mannes beschreibt, polemisiert Schlegel gegen den Anspruch des Autors, die erotischen und psychischen Nöte des Helden ernst zu nehmen. Er sieht in Woldemar keinen tragisch Zerrissenen, keinen zwischen himmlischer und irdischer Liebe Schwankenden, sondern nur den Mann, den die »feine Wollust« der Unentschiedenheit zwischen zwei Frauen »zum groben Egoisten« macht. Über die erotischen Leiden Woldemars stellt Friedrich Schlegel fest:
»So genießt er Alwinen, die Lais seiner Seele, liebt sie nicht: es ist wirklich empörend, wie er sich noch freuen darf, daß er sie nur besitze, ohne von ihr besessen zu werden. So braucht er Henrietten, daß sie ihm seinen alten Traum von Freundschaft deute . . . liebt sie nicht. So steht er da, hingegeben der Befriedigung, die beide ihm gewähren, und läßt sich anwehen von den erquickenden balsamischen Lüften im geistigen wie im physischen Sinn . . .« Die »freiheitsmordende, grenzenlose Hingabe, welche Jacobi . . . als die schönste weibliche Tugend anpreiset« wird ebenso abgelehnt, wie ein »angeblich unerhörtes Ideal«, das »nur zu oft in gemeinen Ehen reali-

siert« wird: »innigste Vereinigung auf Kosten der Selbständigkeit; man könnte es eine übertriebne Ehe nennen . . .«
Die Kritik Schlegels geht so weit, daß er sogar auf den Unterschied zwischen Wunschbild und weiblicher Realität aufmerksam wird: ein Unterschied, der sonst unterschlagen bleibt:
»Das Geliebte zu vergöttern ist die Natur des Liebenden. Aber ein andres ist es, mit gespannter Imagination ein fremdes Bild unterschieben und eine reine Vollkommenheit anstaunen, die uns nur darum als solche erscheint, weil wir noch nicht gebildet genug sind, um die unendliche Fülle der menschlichen Natur zu begreifen, und die Harmonie ihrer Widersprüche zu verstehen. Laura war des Dichters Werk. Dennoch konnte die wirkliche Laura ein Weib sein, aus der ein nicht so einseitiger Schwärmer etwas weniger und etwas mehr als eine Heilige gemacht hätte.«
Über die zum Wunschbild gehörende Forderung nach weiblicher Schamhaftigkeit und Prüderie heißt es in einem anderen Fragment:
»Prüderie ist Prätention auf Unschuld, ohne Unschuld. Die Frauen müssen wohl prüde bleiben, so lange Männer sentimental, dumm und schlecht genug sind, ewige Unschuld und Mangel an Bildung von ihnen zu fordern. Denn Unschuld ist das einzige, was Bildungslosigkeit adeln kann.«
Die Kritik an einem Katalog moralischer Forderungen, der, von Männern für Frauen entworfen, für den Mann selbst nicht gilt, bedeutet zudem, daß Friedrich Schlegel gegen Rousseaus Definition der weiblichen Erziehung Stellung nimmt:
»Aber daß die Frauen gleichsam mehr an Gott oder an Christus glauben müßten als die Männer, daß irgendeine gute und schöne Freigeisterei ihnen weniger zieme als den Männern, ist wohl nur eine von den unendlich vielen gemeingeltenden Plattheiten, die Rousseau in ein ordentliches System der Weiblichkeitslehre verbunden hat, in welchem der

Unsinn so ins Reine gebracht und ausgebildet war, daß es durchaus allgemeinen Beifall finden mußte.«

Voraussetzung der Kritik Schlegels an einer Philosophie, die, von Rousseau ausgehend, die Entfremdung zwischen den Geschlechtern vertieft und die gesellschaftliche Unterdrükkung der Frau zu ihrer Natur verklärt, ist seine eigene Vorstellung einer wahren und natürlichen Natur von Mann und Frau, die nicht mit Hilfe pädagogischer Konstrukte ins Übertriebene verzerrt werden darf. Die wahre, unverstellte Natur der Geschlechter ist für Schlegel etwas, was es in der Realität so noch gar nicht gibt, sondern erst in der Poesie und der philosophischen Reflexion überhaupt antizipiert werden kann.

Zur Entfremdung zwischen den Geschlechtern trägt, neben einer hypertroph definierten Sittlichkeit für die Frau, auch die Institution der Ehe bei:

»Fast alle Ehen sind nur Konkubinate, Ehen an der linken Hand, oder vielmehr provisorische Versuche, und entfernte Annäherungen zu einer wirklichen Ehe, deren eigentliches Wesen, nicht nach den Paradoxen dieses oder jenes Systems, sondern nach allen geistlichen und weltlichen Rechten darin besteht, daß mehrere Personen nur eine werden sollen. Ein artiger Gedanke, dessen Realisierung jedoch viele und große Schwierigkeiten zu haben scheint. Schon darum sollte die Willkür, die wohl ein Wort mitreden darf, wenn es darauf ankommt, ob einer ein Individuum für sich, oder nur der integrante Teil einer gemeinschaftlichen Personalität sein will, hier so wenig als möglich beschränkt werden; und es läßt sich nicht absehen, was man gegen eine Ehe à quatre Gründliches einwenden könnte. Wenn aber der Staat gar die mißglückten Eheversuche mit Gewalt zusammenhalten will, so hindert er dadurch die Möglichkeit der Ehe selbst, die durch neue, vielleicht glücklichere Versuche befördert werden könnte.«

In den Lehrjahren des Gefühls, die der Held der Lucinde durchmacht, geht es darum, die gesellschaftliche Lüge aufzuheben und andere Möglichkeiten des Zusammenlebens zu erproben. Julius lernt der Reihe nach einige Frauen kennen, die ihn jede auf ihre Art faszinieren, ehe er zuletzt in Lucinde die Frau fürs Leben findet. Die Erfahrungen, die Julius in diesen verschiedenen Beziehungen macht, die erotischen Verwirrungen, denen er ausgesetzt ist, gestehen der Frau eine sexuelle Autonomie zu, die ihr sonst verwehrt ist: Sie erlauben zudem, daß Julius seine femininen, androgynen Eigenschaften entdeckt und akzeptiert. Die Abweichung vom üblichen Selbstbild des Mannes liegt nicht allein darin, daß Julius Qualitäten an sich entdeckt, die als »weiblich« gelten. Sie liegt auch darin, daß diese Entdeckung positiv bewertet und als persönliche Erweiterung des Helden gedeutet wird. Julius ist kein Held, kein Zerrissener, der seine Identifikation mit der männlichen Rolle durch Schwäche verfehlt. Er entwickelt sich vielmehr gerade durch die bewußte Abweichung von der Konvention zu androgyner Vollkommenheit.

In einer »dithyrambischen Phantasie«, über »die schönste Situation in der schönsten Welt« formuliert Schlegel die Annäherung zwischen den Geschlechtern im Bild des erotischen Rollentausches:

»und so ist uns die witzigste unter den Gestalten und Situationen der Freude auch die schönste. Eine unter allen ist die witzigste und die schönste: wenn wir die Rollen vertauschen und mit kindischer Lust wetteifern, wer den andern täuschender nachäffen kann, ob dir die schonende Heftigkeit des Mannes besser gelingt, oder mir die anziehende Hingebung des Weibes. Aber weißt du wohl, daß dieses süße Spiel für mich noch ganz andre Reize hat als seine eigenen? Es ist auch nicht bloß die Wollust der Ermattung oder das Vorgefühl der Rache. Ich sehe hier eine wunderbare sinnreich bedeutende Allegorie auf die Vollendung des Männlichen und Weiblichen zur vollen ganzen Menschheit. Es liegt viel darin, und was darin liegt, steht gewiß nicht so schnell auf wie ich, wenn ich dir unterliege.«

Julius hat nicht allein die Freiheit, sich gegenüber der Frau, die er liebt, auch einmal passiv zu verhalten. Er hat zudem die Möglichkeit, sich über das emotionale Tabu, das über Männerfreundschaften liegt, unbefangen hinwegzusetzen:
»Er hatte viele Verbindungen und war unersättlich immer neue zu knüpfen. Jeden Mann, der ihm interessant erschien, suchte er, und ruhte nicht, bis er ihn gewonnen und die Zurückhaltung des andern durch seine jugendliche Zudringlichkeit und Zuversicht besiegt hatte. Es läßt sich denken, daß er, der sich eigentlich alles erlaubt hielt und sich selbst über das Lächerliche wegsetzen konnte, eine andre Schicklichkeit im Sinne und vor Augen hatte als die, welche allgemein gilt. In dem Gefühl und Umgang des einen Freundes fand er mehr als weibliche Schonung und Zartheit bei erhabenem Verstande und fest gebildetem Charakter. Ein zweiter brannte mit ihm in edlem Unwillen über das schlechte Zeitalter und wollte etwas Großes wirken. Der liebenswürdige Geist des dritten war noch ein Chaos von Andeutungen: aber er hatte zarten Sinn für alles und ahndete die Welt.«
Das gebrochen Männliche in sich erkennend, kommt Julius zu einer anderen Einschätzung der Frau, als es der Konvention entspricht. Allerdings entsprechen die Frauen, die er der Reihe nach kennenlernt, ziemlich genau einem konventionellen Schema, einem literarisch längst festgeschriebenen Bild von der Frau.
Den Anfang in der weiblichen Bildergalerie macht ein junges Mädchen, »ein heiliges Bild der Unschuld«, dessen Reize in den üblichen Metaphern über weibliche Blumenhaftigkeit beschrieben wird:
»Daß sie kaum reif und noch an der Grenze der Kindheit war, reizte sein Verlangen nur um so unwiderstehlicher. Sie zu besitzen, schien ihm das höchste Gut; er war entschlossen alles zu wagen und glaubte nicht ohne das leben zu können. Dabei verabscheute er die entfernteste Erinnerung an bürgerliche Verhältnisse, wie jede Art von Zwang.«

Julius inszeniert eine Verführungsszene, bricht sie jedoch in dem Moment ab, als das junge Mädchen, zur Hingabe bereit, plötzlich in Tränen ausbricht. Aus »Mitleid« mit seinem Opfer, »eilt er mit Abscheu von dem Orte hinweg, wo er den Blütenkranz der Unschuld mutwillig hatte zerreißen wollen.«

Das Bild vom Verführer und seinem weiblichen Opfer entspricht den bekannten Mustern des 18. Jahrhunderts. Auf das unschuldige, blumenhafte, junge Mädchen folgt – ebenfalls ein literarischer Topos – die erfahrene Frau, in Gestalt der Hetäre Lisette. In Lisette verliebt sich Julius vor allem, weil Lisette sich zuerst in ihn verliebt und seine Männlichkeit »anbetet«. Obwohl sie, wie er bald feststellt, »beinah öffentlich« ist, strebt er nichts so sehr an, als sie »allein zu besitzen«. Er wird ihr Liebhaber, weil sie ihn allen anderen Männern ihrer Umgebung vorzieht.

Lisettes Schicksal entspricht dem Muster der gefallenen Unschuld. Sie »war von guter Familie, früh gefallen, entführt und in der Fremde verlassen, zu stolz gewesen umzukehren, und durch die erste Erfahrung so belehrt wie andere nicht durch die letzte.«

Was Julius an Lisette fasziniert, ist ihre Offenheit, ihre Unbürgerlichkeit, Selbständigkeit und Autonomie: »Ihr naiver Witz überraschte ihn mehr und reizte ihn am meisten, wie die hellen Funken von rohem tüchtigem Verstand, vorzüglich aber ihre entschiedne Manier und ihr konsequentes Betragen. Mitten im Stande der äußersten Verderbtheit zeigt sie eine Art von Charakter; sie war voll von Eigenheiten und ihr Egoismus nicht im gemeinen Stil. Nächst der Unabhängigkeit liebte sie nichts so unmäßig wie das Geld, aber sie wußte es zu brauchen.«

Ihrer Profession geht Lisette zwar »mit Geschicklichkeit und mit Kunstsinn« nach »aber ganz kalt«. Sie liebt keinen ihrer Liebhaber und verlangt auch nicht von ihnen geliebt zu werden. Ihr eigentliches inneres Leben lebt sie für sich, in der Stille ihres Boudoirs: »Hier saß sie oft auf türkische Sitte

tagelang allein und die Hände müßig im Schoß, denn sie verabscheute alle weiblichen Arbeiten. Sie erfrischte sich nur von Zeit zu Zeit mit Wohlgerüchen und ließ sich dabei von ihrem Jockey, einem bildschönen Knaben, den sie sich in seinem vierzehnten Lebensjahr eigens verführt hatte, Geschichten, Reisebeschreibungen und Märchen vorlesen.«
Lisette, auf den Rand der Gesellschaft verwiesen, lebt so wie sonst nur Männer leben: autonom, ökonomisch unabhängig, niemandem verpflichtet und in selbstgewählter Einsamkeit. Erst in dem Moment, als sie sich in Julius verliebt, verliert sie ihre Autonomie, jene Gleichgültigkeit und jene Kälte, die sie unempfindlich gegen die öffentliche Verachtung macht.
Julius gibt vor, jenseits der gesellschaftlichen Vorurteile zu stehen. Tatsächlich kann er jedoch, »nie über die Geringschätzung Herr werden, die ihm ihr Stand und ihr Verderben einflößte, und sein unauslöschliches Mißtrauen schien ihm hier gerecht zu sein. Wie entrüstet war er daher, als sie ihm einst unerwarteterweise die Ehre der Vaterschaft ankündigte.«
Julius macht Lisette eine Szene; er unterstellt, sie betrüge ihn mit anderen Männern und verläßt sie. Daraufhin bringt sich Lisette um, zum ersten Mal leidet sie unter ihrer sozialen Kränkung. Julius ist von ihrem Liebestod betroffen und nimmt sich vor, die gesellschaftlichen Vorurteile, »welche er bisher nur vernachlässigte, nun ausdrücklich zu verachten«.
An den Frauen, die er bisher kennengelernt hat, an dem Blumenkind und an der Hetäre, schätzt Julius ihre Passivität, ihre Fähigkeit zur Hingabe und die Anbetung seiner Männlichkeit. Allerdings spricht er der Frau, »deren Verhältnis wir Passivität nennen« mehr »Dauer, Kraft und Geist des Genusses« zu, als dem ständig beschäftigten, rastlosen, zum Müßiggang unfähigen Mann.
In einem Kapitel des Romans, einer »Idylle über den Müßiggang«, hält Schlegel ein Plädoyer für die weiblichen Tugenden Sanftmut, Gelassenheit, Passivität, Rezeptivität, Gefühl und Liebesfähigkeit.

Die autobiographische Erfahrung ist in beiden Begegnungen nicht ausgeklammert. – Allerdings werden die persönlichen Züge der Frauen, um die es hier geht, zugedeckt durch die Allgemeinheit des literarischen Bildes, durch die Anleihe vor allem bei der Idylle und beim Hetärenmythos. Es geht dem Autor offensichtlich nicht um die konkrete Frau seiner Zeit, sondern um einen Typus, der dazu dient, die »Lehrjahre der Männlichkeit« zu bestätigen und komplett zu machen.

Auf die Jungfrau und die Hetäre folgt die Begegnung mit einer »erhabenen Freundin«, die er anbetet. Sie aber, bereits mit einem anderen Mann verheiratet, bleibt für ihn unerreichbar. Nach der fernen Göttin kommt, »der Umgang mit einer andern Frau, die er als Schwester ehrte und liebte, und die er auch ganz so betrachtete«.

An ihr schätzt Julius »die beharrliche Treue eines mütterlichen Herzens, das den Kreis seiner Wirksamkeit und seiner Liebe mit bescheidner Kraft erweitert und in sich selbst vollendet, und die rohen Dinge der umgebenden Welt zu einem freundlichen Eigentum und Werkzeug des geselligen Lebens bildet«.

Die nächste Teilansicht des Weiblichen ist ein »sehr gebildetes Mädchen«, dem Julius gefällt, weil er »ihr seelenvolles Gespräch und ihren schönen Geist mit sichtbarer Innigkeit bewunderte, und ihr, ohne eine Schmeichelei auszusprechen, bloß durch die Art seines Umgangs huldigte, so gut, daß sie ihm nach und nach alles erlaubte, außer das letzte«.

Als das Mädchen sich ihm jedoch »im Letzten« verweigert, denkt Julius an »das Schaffen und Wirken der allmächtigen Natur, an ihre ewigen Gesetze, an die Hoheit und Größe der Mutterwürde, und an die Schönheit des Mannes, den in der Fülle der Gesundheit und Liebe die Begeisterung des Lebens ergreift oder des Weibes, das sich ihr hingibt«.

Julius »lächelt« über die Zurückhaltung des jungen Mädchens. Er vergißt sie und »ähnliche Kleinigkeiten« sofort, als er Lucinde, eine junge Künstlerin trifft, »welche das Schöne gleich ihm leidenschaftlich verehrte, die Einsamkeit und Natur eben so zu lieben schien«.

Lucinde ist, wie es scheint, die frei lebende, ungebundene Frau, die bereit ist, auf bürgerliche Formen des Zusammenlebens zu verzichten. Sie wird für Julius Freundin, Gesprächspartnerin und erotische Gefährtin:

»Sie waren nur wenige Tage allein, als sie sich ihm auf ewig ergab und ihm die Tiefe ihrer großen Seele öffnete, und alle Kraft, Natur und Heiligkeit, die in ihr war. Auch sie lebte lange in gewaltsamer Verschlossenheit, und nun brachen zwischen den Umarmungen in Strömen der Rede das zurückgedrängte Zutrauen und die Mitteilung mit einem Male hervor aus dem innersten Gemüt.«

Julius entdeckt durch Lucinde jedoch auch, daß Mann und Frau nicht »gleich« sind. Er stellt im Zusammenleben die anthropologische Differenz zwischen sich und der Geliebten fest:

»Durch das, was seine Freundin ihm offenbart hatte, ward es dem Jünglinge klar, daß nur ein Weib recht unglücklich sein kann und recht glücklich, und daß die Frauen allein, die mitten im Schoß der menschlichen Gesellschaft Naturmenschen geblieben sind, den kindlichen Sinn haben, mit dem man die Gunst und Gabe der Götter annehmen muß. Er lernte das schöne Glück ehren, was er gefunden hatte, und wenn er es mit dem häßlichen unechten Glück verglich, was er ehedem vom Eigensinn des Zufalls künstlich erzwingen wollte, so erschien es ihm wie eine natürliche Rose am lebendigen Stamm gegen eine nachgemachte.«

Das Stichwort, das Lucinde von Julius zugeordnet wird, lautet Natur und Kindlichkeit. Sie steht damit, trotz aller Aufwertung ihrer weiblichen Qualitäten dem Mann letztlich wieder ebenso fremd gegenüber, wie das Kind dem Erwachsenen.

Die Ausblendung der Gesellschaft durch Schlegel, der sich mit der Geste der Verachtung begnügt, bedeutet, daß zwischen biologischer Natur und einer zweiten historisch und gesellschaftlich bedingten Natur nicht unterschieden werden kann. Da alles Politische, alles Historische und Soziale aus der Reflexion der Geschlechterrollen ausgeklammert wird, bleibt nur der Rückzug auf das Prinzip Natur.

Natur wird positiv gesetzt, als Gegensatz zur Gesellschaft und als Antithese gegen alle Institutionen, die das spontane Empfinden zu kontrollieren suchen. Zur Natur gehört ein Naturrecht des Gefühls, jenseits aller gesellschaftlichen Einrichtungen. Dieses Naturrecht bleibt aufs Private begrenzt. Es bezieht sich ausschließlich auf die Idylle zwischen zwei Menschen, die für sich in Anspruch nehmen, außerhalb der Gesellschaft und der »öffentlichen Meinung« zu stehen. Ergebnis ist ein Ideal reiner Innerlichkeit, das ein draußen nicht nötig hat, sondern sich selbst genügt.

Gerade in der Idylle mit Lucinde erkennt Julius jedoch einen entscheidenden Unterschied. Er stellt fest, »daß die Liebe, die für die weibliche Seele ein unteilbares durchaus einfaches Gefühl ist, für den Mann nur ein Wechsel und eine Mischung von Leidenschaft, von Freundschaft und von Sinnlichkeit sein kann; und er sah mit frohem Erstaunen, daß er eben so unendlich geliebt werde wie er liebe«.

Julius und Lucinde ziehen sich, im »Bunde mit der Natur«, aufs Land zurück. Der romantische Rückzug endet mit einer beruhigten, zurückgenommenen Idylle: mit der Mutterschaft Lucindes wird die Offenheit des Anfangs, das Spiel mit den vertauschten Rollen, zurückgenommen. Mütterlichkeit und Freiheit schließen sich im Blick des Mannes auf die Frau, die unbefragt bleibt, aus.

Julius, in Geschäften verreist, schreibt an die auf dem Lande zurückbleibende Lucinde:

»Ich fühlte nie mehr Zuversicht und Mut, als Mann unter Männern zu wirken, ein heldenmäßiges Leben zu beginnen und auszuführen und mit Freunden verbrüdert für die Ewigkeit zu handeln. Das ist meine Tugend; so ziemt es mir, den Göttern ähnlich zu werden. Die deinige ist es, gleich der

Natur als Priesterin der Freude das Geheimnis der Liebe leise zu offenbaren und in der Mitte würdiger Söhne und Töchter das schöne Leben zu einem heiligen Fest zu weihen.«
Das enthusiastisch formulierte Rollendiktat, Lucindes Zukunft betreffend, endet noch im selben Brief mit der Ermahnung:
»Ich mache mir oft Sorgen über deine Gesundheit. Du kleidest dich gar zu leicht und liebst die Abendluft! Das sind gefährliche Gewohnheiten, die du wie manche andre ablegen mußt.
Denke, daß eine neue Ordnung der Dinge für dich beginnt. Bisher hieß ich deinen Leichtsinn schön, weil er an der Zeit war und zum Ganzen stimmte. Ich fand es weiblich, wenn du mit dem Glücke scherzen und alle Rücksichten zerreißen und ganze Massen deines Lebens oder deiner Umgebung vernichten konntest.
Nun ist aber etwas da, worauf du immer Rücksicht nehmen, worauf du alles beziehen wirst. Nun mußt du dich allmählich zur Ökonomie bilden, versteht sich im allegorischen Sinn.«
Vom utopischen Entwurf bleibt am Ende nur der antigesellschaftliche Affekt, die Verachtung des öffentlichen Lebens und die politische Abstinenz übrig. Nicht einmal der androgyne Traum wird aufrechterhalten. Das emanzipatorische Moment bleibt private Hoffnung auf Glück. Selbst die Annäherung zwischen den Geschlechtern, die Aufhebung des bürgerlichen Tugendkatalogs für Frauen, weicht in dem Moment, in dem Lucinde Mutter wird, der Konvention. Sie ist von jetzt an nicht mehr die frei lebende Fau, die über sich selbst bestimmt, sondern zuständig fürs Wohl und Glück zukünftiger Söhne und Töchter. Während Julius beschließt, Lucinde habe »gleich der Natur als Priesterin der Freude das Geheimnis der Liebe zu offenbaren«, geht er für sich selbst davon aus, daß es ihm zieme, »den Göttern ähnlich zu werden«.
Die Verhältnisse zwischen den Geschlechtern bleiben am Ende so, wie sie um 1800 schon sind: der Mann definiert sich

prometheisch, die Frau dagegen bleibt verwiesen auf sorgende, passive, idyllische Natur.
Lucinde ist durch die freie Liebe nicht frei geworden, sondern, im Gegenteil unfrei; Komplement und Ergänzung des Mannes. Die Anbetung, die sie eine Zeitlang durch Julius erfährt, ändert daran nichts. Verändert hat sich Julius, der sich mit Lucindes Hilfe aus den Verengungen seiner männlichen Rolle befreit hat. Er hat weibliche Züge in die eigene Person integriert, Lucinde bleibt auf ihre Weiblichkeit verwiesen.
Was der Psychoanalytiker Horst Eberhard Richter in seinem Buch über den »Gotteskomplex« des europäischen Mannes über den romantischen Philosophen und Naturwissenschaftler Carl Gustav Carus bemerkt, trifft sehr genau die Position Friedrich Schlegels:
»Die weibliche Gefühlswelt wird als etwas Höherstehendes verklärt, ja sie erscheint als der eigentliche Mutterschoß der männlichen Rationalität und des Bewußtseins. Und so könnte man erwarten, daß sich daraus automatisch eine Tendenz ergäbe, die Stellung der Frau in der Gesellschaft neu zu definieren und das traditionelle Abhängigkeitsverhältnis der Geschlechter zu ändern. Aber gerade das tritt nicht ein. Obwohl die Romantik in vielen Variationen der Verehrung des höheren und göttlichen Weiblichen das Wort redet, bleibt dies letztlich doch auch wieder ein unverbindliches männliches Phantasieren. Und am Ende wird das narzißtische Ideal sichtbar, daß die Männer sich mehr vom weiblichen Unbewußten aneignen sollten, um die eigene psychische Unvollkommenheit zu überwinden. Das wahrhaft vollständige Wesen ist der um die weibliche Sensibilität und Gefühlstiefe bereicherte Mann, befruchtet von der Frau, die ihm Möglichkeiten vermittelt, die ihm bisher verschlossen waren.«
Wichtig an dieser Interpretation erscheint das Stichwort Narzißmus. Es geht im philosophischen Entwurf der Frühromantik um die narzißtische Vollkommenheit des Mannes und nur scheinbar um Parteinahme für die Frau:

»Der Mann wertet nicht die Frau auf, sondern sich selbst, indem er sich zur eigenen Perfektionierung auch noch denjenigen psychischen Anteil zuführen möchte, den er an die Frau delegiert hat. Es geht um die Vereinnahmung der weiblichen Gefühlsseite, nicht aber darum, auch die eigenen Privilegien in der Bildung, im rechtlichen und ökonomischen Bereich aufzugeben und mit der Frau gleichberechtigt zu teilen. Damit ist aber eine kulturelle Integration der Emotionalität von vornherein unmöglich gemacht. Diese könnte nur stattfinden, wenn beide Geschlechter sich wechselseitig in einer psychischen Erweiterung unterstützen würden und sich die Frau genausoviel männliche Rationalität aneignen, wie sich umgekehrt der Mann weibliche Sensibilität gewissermaßen zuführen würde.«
Die Entwicklung hin zu androgyner Vollkommenheit bleibt männliches Privileg, die Frau jedoch wird im Blick dieses Mannes auf weibliche Züge beschränkt; von ihren möglichen »männlichen« Eigenschaften, von einer parallelen Entwicklung also hin zum weiblich Androgynen ist nicht die Rede. Die philosophische Conclusion läßt sich auf einen sehr schlichten Nenner bringen. Dem zugleich männlichen und weiblichen Mann, der auf dem besten Weg ist, ein Gott zu werden, steht die nur weibliche, nur aufs Gefühl, auf Natur und auf Mütterlichkeit verwiesene Frau in Anbetungshaltung gegenüber. Sie hat keine Chance, dem narzißtischen Höhenflug ihres Liebhabers auch nur in Spuren zu folgen. Auch ihre gesellschaftliche Position bleibt dieselbe; am Ende wird ihr lediglich der Ehering und die Sicherheit der bürgerlich Verheirateten vorenthalten.
Lucinde gibt im Bann des Traums vom absoluten Gefühl alle Rechte auf, ohne dafür anderes zu gewinnen als die stille Teilhabe am kulturrevolutionären Pathos des Mannes. Was ihr bleibt, ist die Hoffnung, daß die Liebe sich nicht allzu schnell verflüchtigt; jenes Gefühl also, das als allzu flüchtig beschrieben wird, um sich in die Institution Ehe pressen zu lassen.

Emma Bovarys Unbehagen

»Sie sehnte sich danach, etwas von ihrem Leben zu wissen, darin eine Rolle zu spielen, selber darin aufzugehen.«

Sie ist in der Literatur des 19. Jahrhunderts ein Sonderfall. Emma Bovary nämlich ist weder ein Ideal, noch dämonische Trieb-Natur noch überhaupt ein Typus, der sich in die vorhandenen Ikonographien einordnen ließe. Sie ist nicht einmal, wovon noch zu reden sein wird, die große tragische Liebende im Stil der Anna Karenina und ihrer Nachfolgerinnen.

Emma Bovary ist auch kein rätselhaftes Kind der Natur, das außerhalb von Zeit und Geschichte existiert; sie ist nichts anderes als ein Kind ihrer Zeit, ein Kind des frühen Bürgertums.

Gustav Flauberts Roman über eine Tagträumerin, die an ihren »erträumten Leidenschaften« zugrunde geht (1856 erschienen wurde der Roman auf Anhieb zum Skandal) ist aber auch mehr als die Geschichte einer Desillusion mit tödlichem Ausgang. Die Geschichte der Ehebrecherin, die mit der Liebe spielt und verliert, enthält mehr weibliche Empirie als nur die abstrakte Thematik von Illusion und Ernüchterung, die in den klassischen Interpretationen des Romans fast immer im Mittelpunkt steht.

Hugo Friedrich zum Beispiel spricht in einer Untersuchung über Flaubert von »eben jener Liquidation der Romantik«, die »für die ganze Generation der um 1820 Geborenen kennzeichnend ist«. Und Jean Paul Sartre geht in seiner großen Arbeit über Flaubert, den »Idioten der Familie«, von der Hypothese einer soziologischen und psychischen Identität zwischen dem Autor und seiner weiblichen Kunstfigur aus. Auch er stützt sich, wie viele andere Kommentatoren des Romans, auf eine gelegentliche Bemerkung Flauberts, er

selbst sei Madame Bovary. Sartre sieht eine durchgehende Gemeinsamkeit der inneren Erfahrung, die für ihn die Unterschiede zwischen den Geschlechtern entweder aufhebt oder übersteigt: Das Milieu der Ärzte und Apotheker in der französischen Provinz, vor allem die halbbäuerliche Herkunft, der Aufstieg ins Bürgertum und der Ekel vor dem Alltag, der zu Passivität und Weltflucht führt.
Die Argumente Sartres, seine These, Flaubert habe seine existentielle und soziologische Situation auf die Geschichte der Emma Bovary projiziert, ist eine Sache für sich, die sich auf den Mann Flaubert und auf die Bedingungen seiner literarischen Produktion bezieht. Daneben, neben der »Feminisierung der Erfahrung«, die Sartre hervorhebt, gibt es aber noch die andere Seite: die Authentizität des Materials nämlich, die Realität, von der Flaubert ausging.
Das Material aber lieferte einen Provinzskandal, der durch die Zeitungen ging, Aufsehen erregte und Flaubert bekannt war.
Eine junge Frau, namens Delphine Delamare, verheiratet mit einem Landarzt, verliebte sich, wie es hieß, »aus Langeweile« zuerst in einen Gutsbesitzer, dann in einen kleinen Schreiber, machte Schulden und brachte sich am Ende mit Arsen um. Natürlich ist Emma Bovary, Ehefrau eines Landarztes, Geliebte eines Gutsbesitzers und eines Notariatspraktikanten, nicht einfach ein naturalistisches Porträt der Delphine Delamare. Und auch die unbekannte Ehefrau aus der französischen Provinz ist nicht die wahre und eigentliche Madame Bovary, wie von der zeitgenössischen Kritik manchmal behauptet wurde. Die Verhältnisse zwischen Material, Fiktion, Subjektivität und gesellschaftlicher Wirklichkeit sind komplizierter.
Die Vorlage, die Flaubert benutzte, um die äußeren Stationen einer erfundenen Handlung festzulegen, seine Recherchen über einige andere weibliche Lebensläufe, zeigen jedoch, daß es nicht nur um die verhüllte Darstellung der eigenen, subjektiven Befindlichkeit geht. Emma Bovary ist wahr-

scheinlich auch die psychische Doppelgängerin eines Autors, der in seiner Realität das verfehlte, was als männlich galt und immer noch gilt, weil er auf seine Umwelt passiv, also »weiblich« reagierte.

Vor allem aber ist Emma Bovary definiert durch die Zuschreibungen und Begrenzungen der weiblichen Rolle. Zwar ist sie, wie Flaubert selbst, der bestimmenden geistigen Mode ihrer Zeit der romantischen Wirklichkeitstrübung verfallen, jedoch repräsentiert sie nicht die Romantik schlechthin.

Emma Bovary ist von Anfang an auf Wünsche und Träume verwiesen, die mit ihrem sozialen Schicksal, dem Schicksal der bürgerlichen Ehefrau ihrer Zeit zu tun haben. Die Barrieren zwischen den Geschlechtern werden auch in der anscheinend freien Tätigkeit der Phantasie nicht aufgehoben.

Jeder Mann, auch der männliche Held in der Literatur, träumt um 1830 oder 1840 andere Träume als die romantische Emma. Er hat von Anfang an, bedingt durch sein Geschlecht, ein größeres Repertoire an möglichen Träumen. Die konkreten Bedingungen seiner Existenz lassen andere Phantasmen, andere Verdrängungen und andere, reicher ausgestattete, buntere Gedankenspiele zu.

Die Träume von Emma Bovary sind, für sich genommen, nichts Besonderes; sie sind Träume, die bis heute die weibliche Phantasie prägen und in der für Frauen geschriebenen Trivialliteratur unablässig nachgeschrieben und benutzt werden. Etwas Besonderes sind sie jedoch durch die Perspektive des Autors, der darauf verzichtet, sie zu poetisieren oder abzuwerten, sie zu zensieren oder zu interpretieren.

»Die Frau ist ein Erzeugnis des Mannes. Gott hat das Weibchen geschaffen und der Mann die Frau; sie ist das Resultat der Zivilisation, ein künstliches Werk. In den Ländern, in denen jede geistige Kultur fehlt, existiert sie nicht . . .«

Der Briefschreiber Flaubert äußert seine persönliche Meinung über Frauen ebenso unbefangen und im Ressentiment befangen, wie jeder andere auch.
Dem Schriftsteller jedoch geht es um etwas anderes als um Wertungen, ihm geht es um die »Unpersönlichkeit des Werkes«, die in einer »vollkommen erfundenen Geschichte« zum Ausdruck kommen soll. Das Konzept »Unpersönlichkeit« aber bedeutet, sich als Subjekt herauszuhalten; es bedeutet vor allem die Ausblendung aller vorhandenen Thesen, Spekulationen und Meinungen über die Natur der Frau, über weibliche Bestimmung und Moral. Dieses Verfahren, nichts anderes, führt zu einer Annäherung des Autors an die weibliche Empirie, die die erfundene Geschichte der Madame Bovary zu einem Unikat in der Literatur des 19. Jahrhunderts macht. Flaubert wird zu einem weit genaueren Beobachter der »niederen Wirklichkeit« als die Wertung, Realität und Projektion ständig verwechselnde Psychologie und Soziologie des Jahrhunderts.
Für die Ästhetik für den literarischen Stil nimmt er damit eine Wende hin »zu den Sachen selbst« vor, die in der Wissenschaft erst viel später überhaupt diskutiert wird. Die Neutralität des Beobachters, als Kunstmittel eingesetzt, erlaubt die Ausklammerung aller vorhandenen Urteile, Abstraktionen und Mystifizierungen über »Die Frau«, die »Psychologie der Frau« oder »die Weiblichkeit« schlechthin. Diese Entmystifizierung, die Reduktion der Darstellung auf das was ist oder sein könnte, ist Resultat einer ästhetischen Entscheidung und nicht die Folge einer »höheren« Einsicht.
Flaubert nimmt nicht Partei für Emma Bovary, so wie zum Beispiel Ibsen 20 Jahre später Partei für Nora Helmer und ihren Weg aus dem Puppenheim nimmt. Ihm geht es allein darum, ihre Geschichte aus ihren Träumen und Wünschen zu entwickeln, statt die eigene Erwartung an »die Frau« zum Maßstab aller Dinge zu machen.
Flaubert geht sogar so weit, die eine große »frauenfreundliche« Mystifikation des 19. Jahrhunderts zu vermeiden; die

Stilisierung der Frau zur absoluten Liebenden, die an ihrer Liebe tragisch zugrunde geht.

Emma Bovary jedoch ist kein Opfer ihrer Liebe, sie geht an ihren unbefriedigt bleibenden Wünschen zugrunde, nicht am Mann und auch nicht am Gefühl.

Daß sie trotzdem so hartnäckig und gegen jede konkrete Erfahrung den Sinn ihres Lebens in der Jagd nach Liebe sucht, hat nichts mit Natur und Schicksal zu tun, sondern mit einem spezifischen Defizit, einem Mangel, einem blinden Fleck in der eigenen Existenz. Emma Bovary sucht etwas und nimmt dafür das einzige Bild, das sie kennt.

Die Idee der Liebe, um 1890 zum neuen Ideal erhoben, ist fürs ganze 19. Jahrhundert die einzige Glücksvorstellung, die für eine Frau überhaupt zu denken möglich ist und aufs eigene Leben anwendbar erscheint. Alle anderen möglichen Träume widersprechen der Definition geglückter Weiblichkeit. Sie bedeuten, wenn sie überhaupt geträumt werden, bereits eine Grenzüberschreitung ins Androgyne, oder »Vermännlichung«. Mit anderen Worten: Die Idee der Liebe bedeutet für die Frau, nicht für den Mann, bereits ALLES; sie steht für alle anderen möglichen Ziele, für alle Wege, die versprechen zum Glück zu führen. Das aber heißt: Sie ist dann, wenn sie an der Realität scheitert, nicht durch andere Bilder ersetzbar. Die Idee Liebe ist das philosophische Schicksal der Frau des 19. Jahrhunderts; die metaphysische Klippe, an der sie scheitert.

Für Emma Bovary ist die Liebe nicht nur die einzige Utopie, die sie überhaupt kennt und auf sich selbst beziehen kann. Sie hat als Utopie zudem auch doppelte und ambivalente Funktion. Die Hartnäckigkeit, mit der Emma an dieser Hoffnung festhält, übersteigt die bloße Anpassung an einen weiblichen Traum. Das Beharren auf dem Traum hat zugleich subversive Funktion, es ist auch ein Einspruch gegen die ständige Zurücknahme des Versprechens durch die Realität.

Emma Bovary beharrt bis zuletzt auf einer Vorstellung über die Liebe, die mit dem konkreten Mann nur wenig zu tun hat.

Sie stirbt nicht an der Enttäuschung durch ihn, sondern am Ungenügen an dem Leben, das sie kennt und zu führen gezwungen ist.
Die männlichen Helden in den Romanen Balzacs, Stendhals und Flauberts, träumen um 1840 andere Träume als Emma Bovary. Sie träumen zwar unter anderem auch von Liebe, in Wahrheit aber träumen sie von Macht und Privileg, von Karriere und Aufstieg. Ihre Selbsttäuschungen betreffen die eigenen Fähigkeiten und ihre Enttäuschungen folgen aus den Strategien, die sie anwenden. Nur selten spielt die erträumte Liebe die Hauptrolle für sie und selbst dann geht es vor allem um die Eroberung einer gesellschaftlich überlegenen Frau, die den jungen Mann aus der Provinz in die große Welt einführt.
Die Liebe ist ein Teilmoment, eine Aufstiegsprobe, die mit dem gesellschaftlichen Erfolg, der Rolle im Salon zu tun hat. Als Utopie bleibt sie ein pubertärer Traum, ein Wunsch unter anderen Wünschen, der mit der Zahl der Lebensjahre verblaßt. Werther ist eine Ausnahme, nicht die Regel. Wenn die männlichen Träumer scheitern, dann scheitern sie auf einer anderen Ebene als Emma Bovary.
Sie scheitern nicht an der Idealisierung der Liebe, sondern an Omnipotenzphantasien, die der Realität nicht standhalten. Und: sie scheitern sehr real an der Politik, an den Spielen der Mächtigen, an den Strategien einer männlichen Gesellschaft, die den Weg nach oben schwer macht. Anders gesagt: Sie scheitern letztlich nicht an der Frau, sondern an der mannmännlichen Konkurrenz; sie scheitern in den Salons, an der Börse, in den Hierarchien und der patriarchalischen Gesellschaft.
Emma Bovary aber hat von Anfang an keine Chance, ihren Ehrgeiz, ihre Ambitionen, im eigenen Interesse einzusetzen. Sie schätzt nicht sich selbst falsch ein, sondern die Männer, die ihr begegnen; sie idealisiert zuerst ihren Mann, dann ihre Liebhaber, um durch Teilhabe am Glanz des Märchenprinzen aus ihrem Leben etwas zu machen, das über den weiblichen Alltag hinausgeht. Ihr Dilemma ist, daß die Idealisie-

rung sich immer nur für kurze Zeit aufrechterhalten läßt. Als die Aura, die den mythisierten Mann umgibt, sich nicht mehr aufrechterhalten läßt; als das Bild des Märchenprinzen sich nicht mehr internalisieren läßt, bleibt nichts, keine Möglichkeit der Kompensation, kein Fluchtweg. Frédéric Moreau dagegen, die Hauptfigur in Flauberts »éducation sentimentale«, kann trotz aller Passivität und Willensschwäche einige Jahre vom Aufstieg und von Karriere träumen. Als der Traum zerbricht, geht er in die Provinz zurück und richtet sich in jener mittleren Existenz ein, die er in der Jugend verachtete. Aus dem Träumer wird ohne Bruch der Kleinbürger, der sich am Ende gerührt an erste Bordellbesuche erinnert.

Frédéric Moreau ist in vielem mit Emma Bovary verwandt. Er kommt aus ähnlichem Milieu, verachtet wie sie die Enge der Provinz und träumt vom Pariser Leben. Einige seiner Phantasien über Luxus und Leidenschaft sind sogar fast wörtlich aus dem Bovary-Roman übernommen.

Trotzdem, trotz aller Ähnlichkeit der Phantasien, hat der männliche Romantiker einen völlig anderen Aktionsraum. Er träumt nicht nur von der Metropole, sondern geht als Student für einige Jahre nach Paris, versucht sich dort als Schriftsteller und Journalist und nimmt wenigstens am Rande am Leben der großen Welt teil.

Frédéric macht Erfahrungen, die seine Träume korrigieren. Emma Bovary aber bleibt bis zuletzt auf ihre phantastischen, durch keine Erfahrung gebrochenen Vorstellungen über das ferne Leben verwiesen. Während Frédéric zum Beispiel die Tristesse der Boheme aus der Nähe erfährt, den verblichenen Glanz des Adels wenigstens von weitem kennenlernt, bleibt sie auf stereotype Bilder aus zweiter Hand verwiesen; auf Traumkitsch:

»Das Milieu des höchsten Adels bildete sie sich folgendermaßen ein: Vornehme bleiche Gesichter; man steht früh um vier auf: die Damen, allesamt unglückliche Engel, tragen Unterröcke aus irischen Spitzen; die Männer, verkannte Genies, kokettierend mit der Maske der Oberflächlichkeit, reiten aus

Übermut ihre Vollblüter zuschanden, die Sommersaison verbringen sie in Baden-Baden, und wenn sie vierzig Jahre alt geworden sind, heiraten sie zu guter Letzt reiche Erbinnen. Die dritte Welt, von der Emma träumte, war das bunte Leben und Treiben der Künstler, Schriftsteller und Schauspielerinnen, das sich in den separierten Zimmern der Restaurants abspielt, wo man nach Mitternacht bei Kerzenschein soupiert und sich austollt. Diese Menschen sind die Verschwender des Lebens, Könige in ihrer Art, voller Ideale und Phantastereien. Ihr Dasein verläuft hoch über dem Alltag, zwischen Himmel und Erde, in Sturm und Drang.«

Frédéric erlebt einige Pariser Abenteuer, die ihn je nachdem, entweder euphorisch stimmen oder zur Desillusion führen.

Emma aber bleibt darauf verwiesen, sich vorzustellen, daß es irgendwo ein Leben gibt, das mit dem Alltag, den sie kennt, nichts zu tun hat:

»Im tiefsten Grund ihrer Seele harrte sie freilich immer des großen Erlebnisses. Wie der Schiffer in Not, so suchte sie mit verzweifelten Augen den einsamen Horizont ihres Daseins ab und spähte in die dunstigen Fernen nach einem weißen Segel ... So flach auch das Leben anderer Leute war, sie hatten doch immerhin die Möglichkeit eines außergewöhnlichen Geschehnisses. Ein Abenteuer zieht häufig die unglaublichsten Umwälzungen nach sich und verändert rasch die ganze Szene. Aber in ihrem Dasein blieb alles beim alten. Das war ihr Schicksal! Die Zukunft lag vor ihr wie ein langer stockfinsterer Gang, und die Tür ganz am Ende war fest verriegelt.«

Die Krankheit der Emma Bovary ist nicht das, was »maladie du siècle« genannt wurde. Sie ist eine weibliche Krankheitsgeschichte; zusammengesetzt aus Begrenzungen des Lebens, die mit dem Geschlecht zu tun haben, und aus den grenzenlosen und irrealen Wünschen, der Reaktion der Phantasie auf die Begrenzung der Erfahrung. Emma Bovary wehrt sich bis zur Selbstzerstörung dagegen, daß ihr in der Realität das vorenthalten bleibt, was ihr die Kultur des Gefühls auf dem Papier, in der Literatur, verspricht. Das Versprechen, die

neue kulturelle Botschaft für Frauen aber lautet: Erlösung durch Liebe, nichts anderes.
Emma Bovary weigert sich, das Realitätsprinzip (dem alle Frauen ihrer Umgebung sich unterwerfen), für sich zu akzeptieren. Der eigentliche Skandal ihrer Geschichte liegt darin, daß sie wagt, auf ihren Wünschen zu bestehen und sie ins Handeln zu übersetzen, statt sich mit dem zu arrangieren, was als weibliche Normalität gilt.
Historisch gesehen ist sie eine Zwischenfigur: Zwar ist sie, im Gegensatz zu ihrer Umwelt, bereits nach dem neuen bürgerlich-literarischen Muster erzogen; einem Muster, das suggeriert, Gefühl sei alles und Glück erreichbar. Zugleich ist sie aber noch nicht so tief von dieser Kultur geprägt, daß sie den Passivitätsschub, die Selbstaufgabe, die Reduktion nachvollziehen könnte, die von der bürgerlichen Frau in Wahrheit verlangt wird. Dafür gibt es ein sehr genaues Indiz. Mutterschaft, Mutterliebe, als Sinn weiblicher Existenz ist ihr noch völlig fremd. Als sie ein Kind erwartet, ist sie zwar zuerst neugierig, »wie es sein würde, wenn das Kind da war«. Als aber nicht genug Geld da ist, um »eine Wiege mit rosaseidenen Vorhängen und gestickte Kinderhäubchen zu kaufen, da überkam sie eine plötzliche Erbitterung; sie verlor die Lust, die Babyausstattung selber sorglich auszuwählen, und überließ die Herstellung in Bausch und Bogen einer Näherin«.
Während der Schwangerschaft versucht Emma Bovary, die Enttäuschung ihrer Ehe durch die Hoffnung auf einen Sohn zu kompensieren:
»Sie wünschte sich einen Sohn. Braun sollte er sein, und stark sollte er werden, und Georg müßte er heißen! Der Gedanke, einem männlichen Wesen das Leben zu schenken, kam ihr vor wie eine Entschädigung für alles, was sich in ihrem eigenen Dasein nicht erfüllt hatte. Ein Mann ist doch wenigstens sein freier Herr. Ihm stehen alle Leidenschaften und alle Lande offen, er darf gegen alle Hindernisse anrennen und sich auch die allerfernsten Glückseligkeiten erobern. Ein Weib liegt an tausend Ketten.«

Als sie statt des Sohnes eine Tochter zur Welt bringt, fällt »sie im Bett zurück« und wird ohnmächtig.
Das ungeliebte weibliche Kind wird von ihr ohne Skrupel und ohne Schuldgefühl zu einer Amme in Pflege gegeben und fast vergessen. Dieses vom Standpunkt einer später geborenen bürgerlichen Frau aus gesehen unverständliche und unweibliche Verhalten ist für sie nichts anderes als etwas, das sie aus ihrer bäuerlichen Kindheit kennt; eine Orientierung noch an den »kalten« Strukturen einer vorbürgerlichen Familie, die in der »Mutterliebe« noch keinen spezifischen Wert sieht.
So wie die Mutterschaft ist auch die Ehe für Emma Bovary keine Einrichtung, die einen Sinn, einen Wert »an sich« für sie hat oder auch nur haben könnte. Die Frau des Landarztes ist noch nicht die Frau, die sich mit ihrem Unglück wunschlos abfindet. Sie ist nicht bereit, in Funktionen für andere aufzugehen, die mit ihrem Selbst nichts zu tun haben.
Von diesem radikalen Anspruch her gesehen ist Emma Bovary so etwas wie eine Emanzipationsfigur; nur lebt sie in einer Zeit, die für diesen Anspruch keine Inhalte, keinen Spielraum zuläßt oder auch nur kennt.
Ein Kind, ein kleines Mädchen, wächst in der ersten Hälfte des 19. Jahrhunderts, um 1830 in der französischen Provinz auf. Das Kind lebt auf dem Lande, auf dem Pachtgut der Eltern in der Normandie, die Mutter stirbt früh. Emma Rouault sieht sich mit »offenem« und »kühnem« Blick um, sie hat nichts Sentimentales an sich. Bemerkenswert ist, daß Flauberts Hinweis auf die Unsentimentalität und Offenheit der Emma Rouault einen zeitgenössischen Leser des Romans, Charles Baudelaire, zu der These veranlaßt: »Madame Bovary ist ihrer besten Spannkraft und ihren ehrgeizigsten Zielen nach, aber auch in ihren tiefsten Träumen . . . ein Mann geblieben. Wie die dem Haupt des Zeus entstiegene Pallas Athene hat diese sonderbare Androgyne alle verführerische Gewalt erhalten, die einem männlichen Geist in einem bezaubernden Frauenkörper zu eigen ist.«
Zur Sentimentalität erzogen wird Emma erst im Kloster, bei

den Ursulinerinnen. In den Romanen, die sie dort verschlingt, »wimmelte es von Liebschaften, Liebhabern, Liebhaberinnen, von verfolgten Damen, die in einsamen Pavillonen ohnmächtig, und von Postillionen, die an allen Ecken und Enden gemordet wurden, von edlen Rossen, die man Seite für Seite zuschanden ritt, von düsteren Wäldern, Herzenskämpfen, Schwüren, Schluchzen, Tränen und Küssen, von Gondelfahrten im Mondenschein, Nachtigallen in den Büschen, von hohen Herren, die wie Löwen tapfer und sanft wie Bergschafe waren, dabei tugendsam bis ins Wunderbare, immer köstlich gekleidet und ganz unbeschreiblich tränenselig. Ein halbes Jahr lang beschmutzte sich die fünfzehnjährige Emma ihre Finger mit dem Staube dieser alten Scharteken«.
Sie liest die Romane Walter Scotts und »Romanzen, in denen die Realität des Lebens den phantastischen Zauber der Sentimentalität hatten«.
Obgleich sich Emma, »bei aller Schwärmerei eine Verstandesnatur«, von den »mystischen Traumzuständen«, in die sie eine Zeitlang versinkt, wieder freimachen kann, reicht die kurze Klosterzeit aus, um Spuren zu hinterlassen und die Phantasie für immer zu prägen.
Ihre späteren Träume, die Vorstellung von einem anderen, reicheren Leben, bleiben auf die literarischen Muster bezogen, die sie kennt. Als sie das Kloster verläßt und auf das Gut ihres Vaters zurückkehrt, gibt es für sie keine Möglichkeit, andere neue Erfahrungen zu machen. Oder vielmehr: Alles, was sie erfährt, ist auf einen Alltag bezogen, den sie an den Glücksversprechungen der Klosterlektüre mißt und verachtet.
Als ein Mann auf dem Gut erscheint, der sich auf Anhieb in sie verliebt, der Landarzt Charles Bovary, bezieht sie ihre objektlosen Phantasien auf ihn. Ihr Interesse gilt nicht dem realen Mann, den sie kaum kennt, sondern der Konkretion des Märchenprinzen.
»Als Karl zum ersten Male das Gut betrat, war sie just überzeugt, daß sie alle Illusionen verloren habe, daß es nichts

mehr auf der Welt gäbe, was ihr Hirn oder Herz rühren könne. Dann aber waren das mit jedem neuen Zustande verbundene wirre Gefühl und die Unruhe, die sich ihrer diesem Manne gegenüber bemächtigte, stark genug, in ihr den Glauben zu erwecken, endlich sei jene wunderbare Leidenschaft in ihr erstanden, die bisher nicht anders als ein Riesenvogel mit rosigem Gefieder hoch in der Herrlichkeit himmlischer Traumfernen geschwebt hatte.«

Charles Bovary ist nicht einfach der falsche Mann für Emma Rouault, jeder andere wäre, gemessen an ihren Wunschbildern, ebensosehr der Falsche. Der Landarzt ist nur noch ein wenig ungeeigneter als andere, dem Traum auch nur in Annäherungen zu entsprechen. Charles, ein einfacher Mann, der nur mit Mühe den sozialen Aufstieg zum Arzt geschafft hat, ist kein Romantiker und auch kein Mann, der Erfolg und Karriere für sich ins Spiel bringen kann. Als er Emma kennenlernt, ist er bereits verheiratet:

»Aber nicht genug, daß die Mutter ihren Sohn erzogen, ihn Medizin studieren lassen und ihm eine Praxis ausfindig gemacht hatte: nun mußte er auch eine Frau haben. Diese fand sie in der Witwe des Gerichtsvollziehers von Dieppe, die neben fünfundvierzig Jährlein zwölfhundert Franken Rente ihr eigen nannte ... Karl hatte in die Heirat eingewilligt in der Erwartung, sich dadurch günstiger zu stellen.«

Als die erste Frau Bovary plötzlich stirbt, kann sich der Landarzt erlauben, eine zweite Ehe nach dem neuen bürgerlichen Muster, das heißt aus Liebe, einzugehen. In Emma Rouault sieht er die höhere Tochter, die Luxusfrau, die eine andere Erziehung erfahren hat als die Frauen, die er kennt: Frauen, die sich, wie seine Mutter, klaglos damit abfinden, ebenso hart oder härter zu arbeiten wie ihre Männer; Arbeitstiere und ständig Gebärende.

Als Projektionsfigur versagt Charles schon in den ersten Tagen der Ehe; seine Frau versucht, die Enttäuschung vor sich selbst zu verschleiern. Sie modifiziert ihren Traum vom Glück und verlegt ihn von der Nähe in die Ferne, in exotische

Wunschlandschaften. »Sie machte sich zuweilen Gedanken, ob das wirklich die schönsten Tage ihres Lebens sein sollten: ihre Flitterwochen, wie man zu sagen pflegte.
Um ihre Wonnen zu spüren, hätten sie wohl in jene Länder mit klangvollen Namen reisen müssen, wo der Morgen nach der Hochzeit in süßem Nichtstun verrinnt. Man fährt gemächlich in einer Postkutsche mit blauseidenen Vorhängen die Gebirgsstraßen hinauf und lauscht dem Lied des Postillions, das in den Bergen zusammen mit den Herdenglocken und dem dumpfen Rauschen des Gießbachs sein Echo findet. Wenn die Sonne sinkt, atmet man am Golf den Duft der Limonen, und dann nachts steht man auf der Terrasse einer Villa am Meer, einsam zu zweit, mit verschlungenen Händen, schaut zu den Gestirnen empor und baut Luftschlösser. Es kam ihr vor, als seien nur gewisse Erdenwinkel Heimstätten des Glücks, genauso wie bestimmte Pflanzen nur an sonnigen Orten gedeihen und nirgends anders.«
Jean Améry versucht in seinem Buch »Charles Bovary, Landarzt – Portrait eines einfachen Mannes« eine Ehrenrettung des »armen Mannes Charles Bovary, dem alles genommen war, Liebe, Liebste, Habe . . .«
Améry geht von der These aus, daß der Landarzt der einzige ist, der seine Frau wirklich liebt; Flaubert hat für ihn die Wirklichkeit des ›armen‹ Charles aus Haß gegen den Kleinbürger einfach unterschlagen. In Emma Bovary dagegen sieht Améry die Frau, die sich ihr »Liebes- und Schönheitsschicksal« selbst wählt.
Nur: der einfache Mann, der zum tragischen Helden wird, hat mit dem Landarzt des Flauberts nur wenig zu tun. Sein Charles ist kein Leidender und Liebender, der sehenden Auges sein Eheunglück in Kauf nimmt; er ist nichts als ein zur Einfühlung und zur Reflexion Unfähiger; ein Mann, der in seiner Frau eine Art Puppe sieht, deren unverständliche Launen er zu erfüllen sucht. Emma dagegen empfindet die Selbstverständlichkeit, mit der Charles annimmt, sie glücklich zu machen, als permanente Kränkung. Sie ist unfähig,

ihm ihre Enttäuschung auch nur anzudeuten, und flieht aufs neue in ihre Träume vom fernen Glück.

Die Geburt ihrer Tochter, ein Umzug, der vergebliche Versuch, ihren Mann zur medizinischen Karriere anzutreiben, ändert nichts an ihrer inneren Situation.

Fast ohne es zu bemerken, verliebt sie sich in einen Notariatsgehilfen, der sie aus der Ferne anbetet. »Seine reine Liebe hatte nichts mehr mit seinem Alltagsleben zu tun; sie ward zu einem Heiligenkulte, dessen Verlust mehr Schmerz bereitet, als der körperliche Besitz der Geliebten Genuß bereitet.

Emma und Léon leben in ihren Träumen, nicht in der Realität, eine romantisierte Leidenschaft: »Emma magerte ab, ihre Wangen verloren die Farbe, ihr Gesicht wurde schmächtiger . . . Sie war so traurig und so sanft, so sanft und dabei so unnahbar, daß man ihre Gegenwart wie eine eiskalte Wonne empfand . . . Es lag ein seltsamer Zauber darin, dem niemand entrann.«

Sie genießt ihre Gefühle, empfindet sich als »Dulderin« und sieht in Charles »das Schloß an der Tür ihres qualvollen Käfigs«. Léon ist es nach einiger Zeit »müde, erfolglos zu lieben«; er beschließt, in Paris zu studieren.

Der romantische Troubadour in Gestalt des Gehilfen bereitet jedoch den Boden für den realen Liebhaber. Stellte Léon Emma aufs Podest der unerreichbaren Göttin, so sieht der Gutsbesitzer Rodolphe, der Emma zufällig bei einem Besuch in der Arztpraxis kennenlernt, in ihr von Anfang an die Maitresse und Gelegenheitsgeliebte. Er »war 34 Jahre alt, von roher Gemütsart und scharfem Verstand. Er hatte sich viel mit Weibern abgegeben und war Kenner auf diesem Gebiete. Die da gefiel ihm.« Er macht Emma den Hof:

»Wenn er seine Patienten abzurennen hat, sitzt sie daheim und stopft Strümpfe. Und langweilt sich. Sehnt sich nach der großen Stadt und möchte am liebsten alle Abende auf den Ball. Arme kleine Frau! So was schnappt nach Liebe wie ein Karpfen auf dem Küchentisch nach Wasser! Drei nette

Worte, und sie ist futsch! Sicherlich! Das wär was fürs Herze! Scharmant! Aber wie kriegt man sie hinterher wieder los?«
Emma Bovary wird Rodolphes Geliebte:
»Immer wieder sagte sie sich:
›Ich habe einen Geliebten, einen Geliebten!‹
Der Gedanke entzückte sie. Es war ihr, als sei sie jetzt erst Weib geworden. Endlich waren die Liebesfreuden auch für sie da, die fiebernde Glückseligkeit, auf die sie bereits keine Hoffnung mehr gehabt hatte! Sie war in eine Wunderwelt eingetreten, in der alles Leidenschaft, Verzückung und Rausch war. Blaue Unermeßlichkeit breitete sich rings um sie her, vor ihrer Phantasie glänzte das Hochland der Gefühle, und fern, tief unten, im Dunkel, weit weg von diesen Höhen, lag der Alltag.«
Emma erinnert sich an die Romane, die sie gelesen hat, und an die empfindsamen Ehebrecherinnen dieser Romane: »Der lange Traum ihrer Mädchenzeit ward zur Wirklichkeit.«
Während Emma von Rodolphe »Alles« erwartet: Rettung, Flucht, das Wunderbare, Sinn, Erlösung, erwartet und verlangt Rodolphe nichts. Nur um Emmas Erwartungen zu entsprechen, spielt er die Rolle, die Charles nicht spielen kann; den romantischen Liebenden. Er belügt Emma, weil er zu wissen glaubt, daß Frauen belogen sein wollen.
In einem Brief an seine Freundin Louise Colet bemerkt Flaubert: »Du sagst mir, daß ich dir merkwürdige Gedanken über die Frauen geschrieben habe und daß sie (die Frauen) wenig unabhängig von sich selbst sind. Das ist wahr. Man lehrt sie so sehr zu lügen, man erzählt ihnen so viele Lügen! Niemand ist je imstande, ihnen die Wahrheit zu sagen, und wenn man das Unglück hat, aufrichtig zu sein, erregen sie sich über diese Absonderlichkeiten! Was ich ihnen besonders vorwerfe, ist ihr Bedürfnis nach Poetisierung. Wenn ein Mann seine Wäscherin liebt und weiß, daß diese dumm ist, wird er es doch nicht weniger genießen. Wenn aber eine Frau einen Nichtsnutz liebt, ist er ein verkanntes Genie, eine vorzügliche Seele usw. Aufgrund dieser natürlichen Veranla-

gung zum Schielen sehen sie das Wahre nicht mehr, wenn sie ihm begegnen, noch die Schönheit dort, wo sie sich findet. Diese Unterlegenheit (die vom Gesichtspunkt der Liebe an sich eine Überlegenheit ist) ist die Ursache der Enttäuschungen, über die sie sich so sehr beklagen. Von Apfelbäumen Orangen zu verlangen ist bei ihnen eine verbreitete Krankheit.« (Flaubert am 24. April 1852 an Louise Colet.)

Der These, daß Frauen von Apfelbäumen Orangen verlangen, folgend, spielt Rodolphe den Romantiker. Zwischen Emma Bovary und ihrem Mann gibt es von Beginn an keinen Dialog. Der neue Dialog über die Liebe, den sie mit Rodolphe führt, aber ist imaginär. Beide agieren nach eigenem Text auf einer imaginären Bühne: Das Stück, das zur Aufführung kommt, heißt: Liebe und Leidenschaft.

Nur ist sich Emma in der Rolle der Liebenden nicht darüber im klaren, daß sie ihre eigenen, frühen Phantasien inszeniert. Rodolphe dagegen weiß sehr genau, daß er einen Text spricht, den er so nicht meint. Er hält sich ans rhetorische Muster des Mannes, der den Don Juan in der Provinz spielt und von sich glaubt, alles über Frauen zu wissen.

Als Emma Bovary, noch vor dem Ende ihrer Affäre, zum ersten Male, ohne es zu wollen, erkennt, daß ihr Liebestraum nicht ausreicht, um Begrenzung in Befreiung zu überführen, weiß sie, daß diese Erkenntnis ihr Selbst betrifft:

»Bei dem, was sie erlebt, hatte sie ihre Seele verbraucht, in allen den verschiedenen Abschnitten ihres Daseins, als junges Mädchen, dann als Gattin, zuletzt als Geliebte. Sie hatte von ihrer Seele verloren in einem fort, wie jemand, der auf einer Reise in jedem Gasthaus immer ein Stück von seinen Habseligkeiten liegenläßt.

Aber warum war sie denn so unglücklich? Was war bedeutsames geschehen, daß sie mit einem Male aus allen Himmeln gestürzt war? Sie erhob sich und blickte um sich, gleichsam als suche sie den Anlaß ihres Herzeleids.«

Um nicht ins Leere zu fallen, hält Emma Bovary weiterhin an der Fiktion der großen Liebe fest. Da der Ehebruch zu

Hause, im Garten, im Haus von Rodolphe, nicht mehr ausreicht, die Illusion zu retten, verlangt sie die gemeinsame Flucht. Wieder einmal träumt sie den Traum ihrer Flitterwochen; anderswo, in »einem neuen Land«, einer »prächtigen Stadt mit Kuppeln, Brücken, Schiffen, Zitronenhainen und weißen Marmorkathedralen«, unter »Palmen«, »am Strand« und an einer »stillen Meeresbucht« endlich das Glück zu finden.

Rodolphe reagiert auf Emmas Fluchtpläne mit dem Entschluß, ein Ende zu machen. Seiner Maxime getreu, »Frauen wollen belogen sein«, schreibt er ein Abschiedsbriefchen, das den Lauf der Welt und das Schicksal anklagt.

Emma bricht zusammen, wird schwer krank und versucht sich während ihrer Rekonvaleszenz in der Rolle der empfindsamen Büßerin. Sie greift zum ersten Male in ihrem Leben zu den konventionellen Kompensationen der vom Leben enttäuschten Frau; kann sich aber mit diesen Rollen und Inszenierungen weiblicher Demut nicht identifizieren.

Als sie zufällig Léon wiedertrifft, versucht sie noch einmal den Fluchtweg Liebe: »Emma verheimlichte es, daß sie inzwischen einen anderen geliebt, und er gestand nicht, daß er sie vergessen hatte.«

In ihrer Beziehung zu Léon ist Emma anklammernd, heftig, besitzergreifend, aktiv und todtraurig. Léon hat mit Rodolphe nur das eine gemeinsam, daß auch er nur den kleinsten Einsatz riskiert. Während Emma, um ihr erotisches Abenteuer mit etwas äußerem Glanz und Luxus auszustatten, Schulden macht und sich kompromittiert, achtet Léon auf den Ruf, Reputation und bürgerliche Aussichten. Für ihn ist Emma eine Reminiszenz; sie ist von Anfang an die Geliebte, die er einmal gehabt haben wird.

Auch Emma ist nicht in der Lage, den alten Traum auch nur in Spuren aufrechtzuerhalten: »Es half nichts, sie war nicht glücklich, war es nie gewesen! Woher kam es nur, daß alles so unzulänglich war in ihrem Leben, alles, woran sie sich halten wollte, immer gleich zu Moder zerfiel?«

Als Léon erfährt, es spreche sich herum, er »ruiniere sich mit einer verheirateten Frau« (in Wahrheit ruiniert sie sich), als sein Vorgesetzter ihm Vorwürfe macht und ihn auf den »Abgrund« hinweist, auf den er zusteuere; als er schließlich alle Gemeinplätze seiner Umwelt in sich aufgesaugt hat (Gemeinplätze, an die er selbst durchaus glaubt), beschließt Léon, mit der »Sirene« zu brechen. Zwar wird er noch einmal rückfällig und trifft sich weiterhin mit Emma; trotzdem weiß er, daß die Zeit der jugendlichen Torheiten, die Zeit der »Schwärmereien und Phantastereien« für ihn vorbei ist.

Als Emma von einem Treffen mit Léon kommt, erwartet sie zu Hause der finanzielle Ruin.

Emma Bovary vergiftet sich mit Arsen, die Aussichtslosigkeit ihrer Situation erkennend.

Ihre »Unweiblichkeit«, gemessen an den Vorstellungen ihrer Zeit, liegt darin, daß sie auch jetzt noch nicht bereit ist, sich zu arrangieren. Statt dessen wählt sie, als alle Illusionen verbraucht sind, die radikale Lösung.

Das Realitätsprinzip bis zuletzt verwerfend, entscheidet sie sich für das, was Ernst Bloch die »eigentlich utopistische Neurose« nennt:

»Die Hungerleiderei nach dem reinen Traumbild ante rem ...

Es ist diese Melancholie, welche in den Liebestraum von der Sache oder auch im Anfang der Sache so bedenklich zurücktreibt, ihn als Fernliebe an sich einkapseln und verdinglichen läßt. Und zwar gerade deshalb, weil seine Fabel, als eine, die wesentlich nur Fernliebe enthält, in der erblickten Wirklichkeit abebbt; desto sicherer erinnert sich dann abstrakte Utopie.«

Emma Bovary wählt »das Verbleiben im Wachtraum, die Verfestigung des Bildes im Anfangszeichen, im bloßen Initiale von Wirklichkeit.«

Ottilie zum Beispiel

Ottilie, Goethes »geliebtes Kind« in seinem Roman über die Wahlverwandtschaften zwischen zwei Männern und zwei Frauen, ist eine Romanfigur bemerkenswerter Art. Sie ist – wie kaum eine andere – Ergebnis der reinen Imagination: ihr Bild ist ein von jeder Empirie, jeder Konkretion abgehobener literarischer Entwurf:
Mit den »Steinbrüchen der Realität«, dem Material, aus dem die fiktive Biographie der Emma Bovary zusammengesetzt ist, hat Ottilie, das »lebendige Gemälde«, wie sie im Roman einmal genannt wird, nichts zu tun.
Am 5. Juli 1827 bemerkt Goethe, als er im Gespräch mit Eckermann auf die poetischen Fähigkeiten Lord Byrons, des »ewigen Selbstquälers«, zu sprechen kommt:
»Seine Frauen«, sagte Goethe, »sind gut. Es ist aber auch das einzige Gefäß, was uns Neueren noch geblieben ist, um unsere Idealität hineinzugießen. Mit den Männern ist nichts zu tun. Im Achill und Odysseus, dem Tapfersten und Klügsten, hat der Homer alles vorweggenommen.« Am Mittwoch, dem 22. Oktober 1828, wird es noch deutlicher; Eckermann notiert:
»Heute war bei Tisch von den Frauen die Rede, und Goethe äußerte sich darüber sehr schön. ›Die Frauen‹, sagte er, ›sind silberne Schalen, in die wir goldene Äpfel legen. Meine Idee von den Frauen ist nicht von den Erscheinungen der Wirklichkeit abstrahiert, sondern sie ist mir angeboren, oder in mir entstanden, Gott weiß wie. Meine dargestellten Frauencharaktere sind daher auch alle gut weggekommen, sie sind alle besser, als sie in der Wirklichkeit anzutreffen sind.«
Ottilie, die Heldin der »Wahlverwandtschaften«, entspricht wie keine andere Frauenfigur Goethes dieser fast platonischen oder vielleicht auch schon solipsistischen Idee. Sie ist im Roman stiller Mittelpunkt und Lieblingskind ihres

Autors, nur sie repräsentiert seine Vorstellung von der idealen Frau. Ottilie ist nicht nur »besser« als jede reale Frau, sie ist der weiblichen Empirie von Anfang an ins Allegorische entrückt.

Der Roman beschreibt ein Experiment; die erotischen Wahlverwandtschaften zwischen vier Personen. Diese Verwandtschaften werden mit bestimmten chemischen Verbindungen verglichen.

Charlotte, nicht mehr ganz jung, verwitwet und Mutter einer fast schon erwachsenen Tochter, heiratet nach einigem Zögern ihren Jugendfreund Eduard, einen »Baron im besten Mannesalter«. Auch Eduard war bereits einmal verheiratet, bewahrte jedoch Charlotte stets eine »fast romanhafte Treue«. Die beiden wollen sich auf sich selbst und auf ihr Gut auf dem Lande zurückziehen, Eduard soll für »das Äußere« zuständig sein, Charlotte für »das Innere«.

Luciane, die Tochter Charlottes, wird zusammen mit Ottilie, einer Waise, für die Charlotte sich verantwortlich fühlt, in einem Pensionat erzogen.

Die späte Idylle auf dem Lande wird jedoch bald durch einen Dritten gestört und zugleich erweitert. Eduard lädt seinen besten Freund, den »Major«, der ohne Familie, ohne Glück und ohne Vermögen ist, auf unbestimmte Zeit aufs Gut ein. Da die beiden Männer gemeinsame Interessen und Tätigkeiten verbinden, und Charlotte sich durch den Männerbund vernachlässigt fühlen könnte, legt Eduard seiner Frau nahe, ihre Pflegetochter Ottilie als »häusliche Gehilfin« zu sich zu nehmen.

Ottilie nämlich hat auf dem Internat einige Schwierigkeiten. Sie gilt als zu still und zu schüchtern und kann sich neben der glanzvollen Luciane, die in allem Erfolg hat, nicht behaupten; sie kann sich »in der Pension nicht entwickeln, keine Fähigkeiten und Fertigkeiten zeigen!« Nur ein junger Lehrer, der in Ottilie heimlich verliebt ist, erkennt ihre verborgenen Fähigkeiten, er möchte, daß Ottilie sich zur Erzieherin ausbilden läßt und später seine Frau wird.

Charlotte läßt sich von Eduard dazu überreden, die »arme Ottilie«, die »ganz von uns abhängt«, zu sich zu nehmen. Mit der Ankunft Ottilies aber entwickeln sich die Beziehungen zwischen den Personen anders als geplant. Der Major und Charlotte fühlen sich voneinander angezogen; Eduard und Ottilie aber üben eine »fast magische Anziehung« aufeinander aus: »Sie wohnten unter einem Dache; aber selbst ohne gerade aneinander zu denken, mit andern Dingen beschäftigt, von der Gesellschaft hin- und hergezogen, nähern sie sich einander. Fanden sie sich in einem Saale, so dauerte es nicht lange und sie standen, sie saßen nebeneinander. Nur die nächste Nähe konnte sie beruhigen, aber auch völlig beruhigen, und diese Nähe war genug; nicht eines Blickes, nicht eines Wortes, keine Gebärde, keiner Berührung bedurfte es, nur des reinen Zusammenseins.«

Der Major und Charlotte verzichten darauf, aus ihrer Zuneigung die Konsequenzen zu ziehen; vor allem Charlotte fühlt sich verpflichtet, ihre Ehe aufrechtzuerhalten und die Pflicht der Neigung vorzuziehen.

Nach einer Reihe tragischer Verwicklungen, nach dem Tod eines Kindes, nach Hoffnungen und Enttäuschungen entsagt Ottilie ihrer Liebe. Sie verzichtet nicht nur auf Eduard, sondern wählt einen sanften, fast unbemerkbaren Freitod, die Nahrung verweigernd stirbt sie an Entkräftung. Im Tod wird sie in den Augen ihrer Umgebung zur »geweihten Person«, zur weltlichen Madonna. Eduard, der sich als einziger bis zuletzt weigert zu entsagen, fängt nach dem Tode Ottilies an zu kränkeln und stirbt ihr schließlich nach.

In den klassischen Interpretationen des Romans wird viel über Sittlichkeit und Entsagung, Ehe, Natur und Neigung spekuliert. Ottilie erscheint dabei immer in einem verklärten Licht, sie wird als Kind der Natur und zugleich als entrückte Madonna gesehen. Je nach dem Blickpunkt des Interpreten wird entweder ihre untergründig dämonische Natur oder ihre Fähigkeit zur Entsagung hervorgehoben. Karl Wilhelm Ferdinand Solger zum Beispiel bemerkt in einem Brief über die

Wahlverwandtschaften: »An Zurechnung ihres Vergehens kann niemand denken, der diese reine verschlossene Knospe zu verstehen fähig ist. Sie ist ja das reine Kind der Natur und ihr Opfer zugleich. Mit diesen zwei Worten ist alles Schöne und Große ausgesprochen, was von Frauen zu sagen ist. Und wie unendlich und unerschöpflich ist dies!«

Wer aber ist Ottilie, abgesehen von den Zuschreibungen ihrer Interpreten und Kommentatoren? Welche Eigenschaften zeichnen ein Ideal aus, das die Wirklichkeit so sehr ins Unrecht setzt.

Der Autor Goethe beschreibt sein »liebes Kind« mit einigen wenigen Adjektiven, die fast stereotyp verwendet werden. Hervorgehoben wird vor allem die Ruhe und Stille, die von Ottilie ausgeht, »ihr leises Auftreten«, und die »ruhige ununterbrochene Tätigkeit des lieben Kindes«.

»Auch war ihre ganze Sinnesweise dem Hause und dem Häuslichen mehr als dem Leben im Freien zugewendet. Eduard bemerkte bald, daß sie nur aus Gefälligkeit in die Gegend mitging, daß sie nur aus gefälliger Pflicht abends länger draußen verweilte.«

Ottilie hält sich in allem zurück. Ihre Liebe zu Eduard, die sie in »einen Himmel versetzt«, zeigt sich vor allem in der vollkommenen Anpassung an seine Gewohnheiten und Eigenarten. Ottilie verhält sich stets rezeptiv: begleitet sie Eduard am Klavier, so paßt sie sich seinem Rhythmus und sogar seinen Fehlern an; kopiert sie für ihn ein Schriftstück, so schreibt sie am Ende nicht mehr mit ihrer eigenen Handschrift, sondern in seiner, ohne dieses Kunststück weiblicher Anpassung auch nur zu bemerken, »Ottilie lebt nur für Eduard«.

Zwar: auch Eduard hat nur Augen für Ottilie, nur bleibt er dabei der, der er immer schon war. Er hat lediglich seinen alten Traum, den Traum von der großen Liebe, von Charlotte auf Ottilie übertragen und damit den Irrtum seiner allzu späten Ehe korrigiert. Eduard ist mit dieser Übertragung nicht einfach seiner ersten Liebe untreu, mit der Ankunft

Ottilies auf dem Gut wird nur deutlich, daß er in Wahrheit immer das junge Mädchen meinte, das Charlotte war und Ottilie ist.

Mit einem ästhetischen Kunstgriff hohen Grades bringt Goethe in der Figur der Ottilie zwei Vorstellungen, zwei Wunschbilder, zwei Erwartungen zusammen, die eigentlich nicht zusammenpassen. Ottilie nämlich ist einerseits absolut Liebende, zum anderen aber verfügt sie über all die häuslichen Tugenden und Eigenschaften, die von der bürgerlichen Ehefrau und vom jungen Mädchen erwartet werden: Häuslichkeit, Demut, Schweigsamkeit und Bescheidenheit, Ottilies hervorstechende Eigenschaften werden in jedem pädagogischen und philosophischen Ratgeber der Zeit dem weiblichen Tugendkatalog an erster Stelle zugeordnet. Der Kunstgriff Goethes besteht darin, diesen Tugendkatalog so hoch zu stilisieren, daß die Konvention, die in seinen eigenen Tagtraum eingegangen ist, in der Ästhetisierung fast verschwindet: die hausbackenen Züge der domestizierten Frau werden von ihm zugleich hervorgehoben und verdeckt.

Dieses Kunststück kann jedoch nur dann gelingen, wenn Ottilie in der Häuslichkeit, zu der sie bestimmt ist, nicht aufgehen und nicht verweilen kann. Ihr Liebestod, ihre Entsagung, ist daher nicht allein aus Gründen der Dramaturgie notwendig, sondern auch, um die Idealisierung aufrechterhalten zu können. Eine Ottilie, der ein Happy-End beschieden wäre, würde zu einer anderen Person. Mit dem Tag ihres bürgerlichen Glücks würde sie erkennbar als das, was sie ihren Anlagen nach von Anfang an ist. Sie wäre nichts anderes als ideale Gattin eines Mannes in den besten Jahren, ihre häuslichen Fähigkeiten würden aus ihr jene »Königin« des Hauses machen, die in der Pädagogik und Geschlechterphilosophie des 19. Jahrhunderts als höchste weibliche Bestimmung bezeichnet wird.

Der Gehilfe aus dem Pensionat bemerkt einmal, anläßlich eines Besuchs auf dem Gut, was er von weiblicher Erziehung hält:

»Bei manchem, womit wir unsere Schülerinnen in der Pension ausstatten, wird mir bange, weil die Erfahrung mir sagt, von wie geringem Gebrauch es künftig sein werde. Was wird nicht gleich abgestreift, was nicht gleich der Vergessenheit überantwortet, sobald ein Frauenzimmer sich im Stande der Hausfrau, der Mutter befindet!«

Ottilie stimmt diesem Exkurs zu. Was würde sie nicht alles abstreifen, wäre sie im Stande der Hausfrau, der Mutter! Oder genauer: wie wenig hätte Ottilie abzustreifen, fielen bei ihr doch pädagogische Handlungsanweisung und eigene Neigung zusammen. Verloren wäre sie dann allerdings für die Sehnsucht des Autors nach einem Gefäß seiner Idealisierung. Wäre für Ottilie ein bürgerliches Glück vorgesehen, müßte deutlich werden, wie eng das Ideal, die »silberne Schale«, mit der bürgerlichen Konvention des 19. Jahrhunderts verbunden ist. Was mit Ottilie, neben aller Poetisierung, auch mitgemeint ist, die Verklärung der domestizierten Frau, die Reduktion weiblicher Qualitäten aufs Häusliche, wird immer dann besonders deutlich, wenn Luciane ins Spiel kommt. Luciane ist all das, was Ottilie nicht ist, und Ottilie ist die Summe aller weiblichen Eigenschaften, die der Autor an Luciane vermißt.

Luciane liebt nicht »die Ruhe des häuslichen Ganges«, sondern »sie peitscht den Lebensrausch im geselligen Strudel vor sich her; sie liebt« unendliche Abwechslung »und geht im Maskenkleid«, um »durch den Wechsel der Kleidung verschiedene Charaktere ausdrücken zu können«. Zudem verfügt sie über eine »böse Zunge«, die »niemanden verschonte!« Alle diese Eigenschaften, die der Autor mit Mißbilligung mitteilt, hängen – im Gegensatz zur Stille und Einsamkeit Ottilies – mit der Unruhe und Dynamik zusammen, die von Luciane ausgeht:

»Eigentliche Bosheit war vielleicht nicht in diesem verneinenden Bestreben; ein selbstischer Mutwille mochte sie gewöhnlich anreizen; aber eine wahrhafte Bitterkeit hatte sich in ihrem Verhältnis zu Ottilie erzeugt. Auf die ruhige, ununterbrochene Tätigkeit des lieben Kindes, die von jedermann bemerkt und gepriesen wurde, sah sie mit Verachtung herab; und als zur Sprache kam, wie sehr sich Ottilie der Gärten und Treibhäuser annehme, spottete sie nicht allein darüber, ... sondern sie ließ auch von nun an so viel Grünes, so viel Zweige und was nur irgend keimte, herbeiholen und zur täglichen Zierde der Zimmer und des Tisches verschwenden, daß Ottilie und der Gärtner nicht wenig gekränkt waren ...

Ebensowenig gönnte sie Ottilie die Ruhe des häuslichen Ganges, worin sie sich mit Bequemlichkeit fortbewegte.

Ottilie sollte mit auf die Lust- und Schlittenfahrten, sie sollte mit auf die Bälle, die in der Nachbarschaft veranstaltet wurden; sie sollte weder Schnee noch Kälte noch gewaltsame Nachtstürme scheuen, da ja so viele andere nicht davon stürben. Das zarte Kind litt nicht wenig darunter, aber Luciane gewann nichts dabei; denn obgleich Ottilie sehr einfach gekleidet ging, so war sie doch, oder so schien sie wenigstens immer den Männern die Schönste.«

Luciane widerspricht in allem, was sie tut und denkt, den Vorstellungen des Autors übers weibliche Ideal. Sie ist für ihn ein Geist, der stets verneint und daher unweiblich; ein fast androgynes Zwitterwesen, das die Übereinkunft über die Geschlechterrollen in Frage stellt. Luciane hat Züge jener romantischen Außenseiterinnen, die, wie die »Tollhäuslerin« Bettina von Brentano, mehr vom männlichen Abenteuer und vom Leben träumen als von Entsagung und vom Rückzug aufs Haus.

Ist Ottilie im Blick des Autors vollkommene weibliche Natur, so ist Luciane für ihn künstlich, romantisch und phantastisch. Ottilie dagegen ist selbst dann noch, wenn sie sich verkleidet, ein »lebendiges Gemälde«. Als die Gesellschaft auf dem Gut einmal zu ihrer Unterhaltung lebendige Bilder nach historischen Gemälden zusammenstellt, ist es für alle selbstverständlich, daß sie die Rolle der Madonna mit dem Kinde übernehmen muß. Luciane dagegen hat eine Leidenschaft für lebendige Affen und Affenporträts.

»Der Anblick dieser menschenähnlichen und durch den Künstler noch mehr vermenschlichten abscheulichen Geschöpfe machte Luciane die größte Freude. Ganz glücklich aber fühlte sie sich, bei einem jeden dieser Tiere die Ähnlichkeit mit bekannten Menschen zu finden.«

Deutlicher kann die Welt, die Ottilie, das »himmlische Kind«, von Luciane, »der Saalnixe«, trennt, nicht beschrieben werden. Trotz aller Ablehnung aber gesteht Goethe gerade diesem ungeliebten Kind eine mögliche positive Entwicklung zu. Im Roman wird angedeutet, daß Luciane später einmal ihren Platz im Leben und in der Gesellschaft finden wird. Ottilie aber hat keinen Platz in der Gesellschaft und keine Zukunft. Als Fremde geht sie aus einer Welt, in der sie heimatlos ist. Die Tatsache, daß sie Waise ist, gehört zum Bild ihrer inneren Situation. Bereits in den letzten Kapiteln des Romans erstarrt das Kind Ottilie allmählich zur Allegorie der Schönheit, zum Rätsel, zur Statue. Im Tod wird sie zur Heiligen; heilig »eine geweihte Person« aber ist sie durch die Verweigerung des Lebens, durch den schweigenden Rückzug aus der Welt.

Ihr Liebestod bestätigt ihre Idealität; eine Ottilie, die entsagt und weiterlebt, wäre dem alltäglichen und glanzlosen Schicksal der unglücklichen Frau allzu nahe, mit der Annäherung an die Empirie jedoch aber ließe sich die Aura, die Ottilie umgibt, nicht mehr aufrechterhalten. Die konkrete Frau ist selbst dann, wenn sie in ähnlicher Weise wie Ottilie aus der Gesellschaft ausgeschlossen ist, nicht dazu geeignet, Objekt der Idealisierung zu sein. Dies liegt nicht nur an der Alltäglichkeit ihres Lebens, es liegt vor allem darin, daß Goethe die weibliche Empirie völlig anders bewertet als die selbstgeschaffene Traumfrau.

»Eines Tages sagte Stock: Goethe, meine Töchter wachsen heran, was meinst du, worin soll ich die Mädchen unterrichten lassen? In nichts anderem, erwiderte Goethe, als in der

Wirtschaft. Laß sie gute Köchinnen werden, das wird für ihre künftigen Männer das beste sein.« Der Vater befolgte diesen Rat, und nicht ohne Empfindlichkeit versicherte mich die ältere Schwester, daß sie dies Goethe immer nachgetragen habe und daß sie infolge dieses Rates ihre ganze Ausbildung mit der größten Mühe sich selbst habe erwerben müssen.«

Die Empfehlung an den Kupferstecher Stock, die Gustav Friedrich Partey mitteilt, entspricht den vielen anderen Äußerungen Goethes über weibliche Erziehung. Ich zitiere gerade diese Bemerkung, weil sie zeigt, wie groß der Unterschied zwischen der poetisierten Frau und dem Blick auf die Wirklichkeit dieser Frau ist. In der Einschätzung Goethes ist die konkrete Frau nicht einmal dazu geeignet, die Muse zu spielen, da ihr, wie er Eckermann gegenüber immer wieder bemerkt, jeder Sinn für Poesie und Ästhetik fehlt.

Was Ottilie, die »silberne Schale«, von der empirischen Köchin trennt, ist die Aura des Entrückten, der allegorische Schleier, der sie jeder Realität entzieht. Im Blick auf die weiblichen Qualitäten, die im Roman ständig hervorgehoben werden, ist aber gerade Ottilie eher eine gute Köchin und Hausfrau als etwa eine potentielle Malerin oder Schriftstellerin.

Zitiert Friedrich Schlegel die Diotima des Altertums, um sein weibliches Ideal zu beschreiben, träumt er den romantischen Traum von Hetären und Musen, die den Mann zur Kreativität anstiften, so bleibt Goethe in der bürgerlichen Konvention seiner Zeit. Wenn Ottilie weibliche Natur repräsentiert, so ist diese Natur immer schon domestiziert und aufs Haus reduziert. Auch das sittliche Gesetz, auf das Ottilie sich beruft, ist nicht ihr Gesetz, sondern es entspricht jener besonderen Sittlichkeit, die die Philosophie des frühen Bürgertums von der Frau erwartet und verlangt. Und: ihr Konflikt ist nur darum unlösbar, weil die Kunstfigur Ottilie allzu perfekt dem Bild entspricht, das sich der Mann des 19. Jahrhunderts von der Sittlichkeit und Opferbereitschaft der Frau macht.

Nicht zufällig und nicht nur aus moralischer Schwäche beharrt Eduard bis zuletzt auf seinem Glücksanspruch. Und nicht zufällig sind es die beiden Frauen, die im Verzichten den Anfang machen und den möglichen glücklichen Ausgang unmöglich machen. Der Unterschied zwischen ihnen liegt allein darin, daß Charlotte sich auf Pflicht und Konvention beruft, während Ottilie die Entsagung bis zur Selbstvernichtung treibt.

Daß auch ein anderer Ausgang des Experiments möglich wäre, daß Charlotte zum Beispiel sich dieselben Rechte nehmen könnte wie Eduard, daß auch Ottilie anders handeln könnte, steht ernsthaft nicht zur Diskussion. Die Leidens- und Opferbereitschaft der Frau wird als selbstverständliches Faktum gesehen, die Sittlichkeit einseitig ihr auferlegt.

Es ist auch kein Zufall, daß gerade einige Frauen aus dem Umkreis der Jenaer und Berliner Romantik, bereits um 1800 die ihnen zugemutete Entsagung ablehnen und eher den Skandal riskieren als den Lebensverzicht als Schicksal ihres Geschlechts hinzunehmen bereit sind.

Rahel Varnhagen zum Beispiel schreibt an ihre Freundin Pauline Wiesel:

»Nun hab' ich noch den einen jungen Mann, von dem ich Ihnen vorigen Frühling schrieb, daß ich mit ihm auf dem Felde gegangen sei und nach Ihnen geschrieen habe: meine ganze Seele liebt ihn, muß ihn lieben, weil seine Eigenschaften sie in Anspruch nehmen. Er liebt auch mich, wie man das Meer, ein Wolkenspiel, eine Felsschlucht liebt. Das genügt mir nicht. Nicht mehr. Wen ich liebe, muß mit mir leben wollen, bei mir bleiben. (Campan schreibt mir noch oft, und erst kürzlich, Liebesbriefe, ich soll kommen.) Ich reiße mir also gewiß auch diesen Pfeil aus dem Herzen und laß eine Wunde mehr schmerzen und heilen und narben. Und lägen jetzt, wie eine miserable Visitenkarte, zweihundert Louisdor neben mir, so reist' ich morgen ohne Abschied. Meine Freunde, außer Sie, denken alle, ich kann von der Luft lieben und leben. Sie freuen sich, ein Herzspiel zu sehen wie das meinige, und ich soll ohne Liebe leben!«

Goethes männliche Helden sind wohl nicht allein deshalb weniger ideal, weniger entrückt als seine Frauen, weil die Antike die Idealisierung des Mannes bereits zu Ende geführt hätte. Etwas anderes scheint eine weit größere Rolle zu spielen als das ästhetische und historische Argument, das er Eckermann gegenüber vorbringt. Der Mann bedarf grundsätzlich keiner so hohen Stilisierung und Überhöhung, um als literarische Figur, als Figur der Identifikation akzeptiert werden zu können. Der männliche Selbstentwurf läßt – gerade in der Klassik – den gemischten Charakter und sein Beharren auf individuellen Wünschen und Bedürfnissen durchaus zu. Bei der Frau dagegen wäre jede Abweichung, wie Luciane beweist, bereits ein Verfehlen des Ideals. Der kindliche Glücksanspruch Eduards, eines Mannes im besten Alter, ist dem Kind Ottilie verwehrt. Die Sittlichkeit, die ihr auferlegt und vom Autor zugeordnet wird, läßt für sie immer nur den tragischen Ausgang, die biographische Katastrophe zu. Beim Mann dagegen wäre soviel Bereitschaft zur Entsagung bereits wieder unangemessen und überspannt.

Glück ist für ihn ein legitimer Anspruch, der an der Realität scheitert, nicht aber an der Selbstdefinition, die er sich gibt. Für die Frau dagegen, die das Ideal repräsentiert, ist ein Glück auf Kosten anderer weder möglich noch überhaupt denkbar. Die ideale Frau ist zugleich die absolut Andere, die Fremdlingin in einer männlichen Kultur der Wünsche und der moralischen Ambivalenz. Diese Fremdheit und die Absolutheit im Sittlichen ist notwendige Voraussetzung ihrer Idealisierung. Um Fremdheit herzustellen, bedarf Goethe nicht der gröberen Metaphorik jener Romantiker, die ihre weiblichen Figuren mit den Eigenschaften eines halbmenschlichen Naturwesens ausstatten.

Die vielen Undinen des 19. Jahrhunderts zum Beispiel verweisen schon durch ihre äußere Erscheinung darauf, daß sie nicht zur Welt des Mannes gehören. Der Fischleib oder die

Schwimmhäute zwischen den Fingern bezeichnen sehr direkt den exterritorialen Status der Frau. Die Melusinen und Undinen haben im Gegensatz zu Ottilie keinen bürgerlichen Namen, sondern Phantasienamen, die aus Sagen und Märchen zitiert sind. Ihre Herkunft ist so unbestimmt wie ihr Alter, sie kommen entweder aus der mythischen Ferne des Märchens oder aus dem Wasser. Übrigens ist auch Ottilie auf geheimnisvolle Weise mit den Elementen, den Erdstrahlungen und dem Wasser verbunden. In einem Moment der Unaufmerksamkeit verliert sie auf einer Kahnfahrt das Kind Charlottes und Eduards an Wasser; das Kind ertrinkt und läßt Ottilie unschuldig – schuldig werden.

»Wieder ist es das Wasser, das – ebenso wie die andern Elemente – das Urelement Weib darstellt, in das der Mann versinkt, der sich von einer Frau betören läßt.« Die Psychoanalytikerin Karen Horney sieht – ausgehend von der Literatur des 19. Jahrhunderts – im Wasser jenes Element, das für den Mann das Prinzip Frau repräsentiert.

Klaus Theweleit bemerkt zum Thema Frau und Wasser: »Es ist ein Fluß ohne Ende und riesig breit, der so durch die Literaturen fließt. Immer wieder: die Frau aus dem Wasser, die Frau als Wasser, als brausendes, spielendes, kühlendes Meer, als reißender Strom, als Wasserfall, als unbegrenztes Gewässer, durch das die Schiffe treiben, mit Seitenarmen, Tümpeln, Brandungen, Mündungen; die Frau als lockende (oder gefährliche) Tiefe, als Becher, in dem der Saft sprudelt, die Vagina als Welle, als Schaum, als dunkler Ort, umrahmt von Pazifikgrenzen; die Liebe als Schaum aus dem Zusammenprall zweier Wellen, als Bootsfahrt, als langsames Zerfließen, als Fischfang, als Sturm; als ein Vorgang, nach dem man wie Strandgut ist und das Meer wieder geglättet; wo man schwimmt im heiligen Gesang des Meeres, gesetzlos wie ein Fisch, wie zwei Fische. . . . Was liegt davor? Ich glaube, es ist eine besondere (historisch relativ neue) Form der Unterdrükkung der Frauen und eine besondere unterschätzte Form dazu; eine Unterdrückung durch Überhöhung, durch Entgrenzung und Entwirklichung zu einem Prinzip, dem Prinzip des Fließens, der Weite, der unbestimmten unendlichen Lockung.«

Während Ottilie durch ihren Tod und durch ihre Entsagung in die Sphäre der Heiligen und der Legende entrückt wird, verfallen die Märchenfrauen der Romantik am Ende wieder jener elementaren Natur, aus der sie gekommen sind, um eine Zeitlang das Schicksal des Mannes zu teilen. Sie sind aus literarisch gröberem Stoff als das himmlische Kind Ottilie, trotzdem gibt es merkwürdige Verwandtschaften. Undine, die Nixe, zum Beispiel hat anscheinend mit Ottilie kaum etwas gemein. Sie ist in der Version des Romantikers de la Motte-Fouqué eine Wasserfee und erhält nur durch ihre Liebe zu einem irdischen Mann eine Seele. Erst durch die Hochzeit mit ihm, einem Ritter, wird aus der wilden, seelenlosen Wassernixe ein »Hausmütterlein«, das »ein verschämtes, jungfräuliches Wesen« annimmt.

Aber auch Undine ist heimatlos, verfügt über einen geheimnisvollen Kontakt zu den Elementen, und steht außerhalb der männlich-menschlichen Gesellschaft; auch Undine geht an ihrer Liebe zugrunde und auch ihre unglückliche Geschichte geht am Ende in eine Legende über: »an der Stelle, wo sie gekniet hatte, quoll ein silberhelles Brünnlein aus dem Rasen . . .«, heißt es bei de la Motte-Fouqué, kein Happy-End zwar, aber doch die Andeutung einer Versöhnung des Mannes mit der weiblichen Natur. Nur wird Undine nicht nach dem Muster der Wahlverwandtschaften in die Sphäre des Ideals entrückt. Die romantische Erzählung hat eine einfachere Sprache, eine einfachere Form für die Gleichung: Frau gleich Natur.

Als Naturwesen aber bleibt Undine in der Welt des Mannes zwangsläufig und ohne dessen Schuld, eine Fremde wie Ottilie.

Trotz aller untergründigen Angst, die die imaginierte Naturverfallenheit der Frau beim Mann, der sie liebt, auslöst, trotz aller Fremdheit zwischen Undine und ihrem Ritter, wird die weibliche Natur noch nicht als etwas Feindliches und Zerstörendes beschrieben. Die Gleichung Frau und Natur verweist vielmehr eher auf die tiefe Fremdheit und Distanz zwischen Mann und Frau. Diese Fremdheit wird nicht auf die Verhältnisse und nicht auf die Polarität der Geschlechterrollen zurückgeführt, sondern auf die irrationalen Abläufe einer Natur, die ihren eigenen rätselhaften Gesetzen folgt. Dieser Versuch einer Erklärung läßt die Empirie ausgeblendet und führt das soziale Schicksal der Frau, ihr Unglück und ihr Ausgeschlossensein auf sie selbst zurück.

Diese Erklärung ist nicht einfach naiv oder bloß irrational, sondern liefert eine hinreichende Legitimation, um die empirischen Verhältnisse, die Beziehung zwischen Herrschaft und Unterdrückung ausblenden zu können. Die Frage nach einer möglichen Veränderung der Geschlechterrollen kann sich von diesem mythisierenden Ansatz her nicht einmal stellen.

Erst im ausgehenden 19. Jahrhundert ändert sich etwas im Blick des Mannes auf die Frau, die Beleuchtung wechselt. Diese Veränderung betrifft seine Projektion, das »Gefäß« seiner Idealisierung; was sie mit der realen Frau zu tun hat, ist eine andere Frage. Die Kunsthistorikerin Margaret Walters beschreibt diese Verschiebung der Bilder am Beispiel Ödipus:

»Der Kontrast zwischen dem überfeinerten, verweiblichten Mann und dem destruktiven weiblichen Ungeheuer – der Salome, Medea und der Sphinx – nahm an Popularität immer mehr zu. Zu Beginn des Jahrhunderts hatte Ingres Ödipus als massiven, strahlenden, nackten Athleten gemalt, der voll Selbstvertrauen in die furchtbar dunkle Höhle eindringt, um die Sphinx zu stellen, die halb schöne Frau, halb gräßliches Tier ist. Als fünfzig Jahre später Gustave Moreau zu dem Thema zurückkehrte, war die Sphinx aus dem Dunklen hervorgetreten. An seine Brust angekrallt, beherrscht sie den Heros und das ganze Bild; neben ihrem schönen, schrecklichen Körper nimmt sich der nackte Ödipus wie ein ungewisser Schatten aus. Ein anderer Maler des fin de siècle geht noch weiter: Franz von Stuck zeigt die Sphinx vollkommen als Herrin der Lage. Kraftlos sinkt der nackte Ödipus unter ihrem vampirischen Kuß in sich zusammen; ihre lange Mähne verstrickt ihn und erwürgt ihn beinahe.«

Die veränderte Ikonographie in den literarischen Bildern wird in dem Moment deutlich, als Wedekinds Lulu in greller Beleuchtung die Bühne betritt. Die Figur der Lulu, an der Frank Wedekind in den verschiedenen Versionen des Doppeldramas »Erdgeist« und »Die Büchse der Pandora« zwischen 1892 und 1913 arbeitet, gibt eine fürs 19. Jahrhundert neue Interpretation der alten Formel: Frau gleich Natur.

Lulu ist nicht mehr das unschuldige Kind der Natur; Lulu ist im wörtlichen und im übertragenen Sinn eine Sumpfblüte, ein Geschöpf, das aus dem Dschungel der Stadt, von unten, aus der Gosse kommt. Lulu ist zwar auf ihre Art in der Welt des Mannes ebenso fremd und heimatlos wie die Nixen und Undinen, die ihr vorangehen. Ihre Natur aber ist nicht mehr von der Aura des Verklärten umgeben, sondern zur Trieb-Natur erklärt, die nicht Idylle bedeutet, sondern Chaos und Zerstörung. Bereits die Titel »Erdgeist« und »Die Büchse der Pandora« verweisen auf die Umwertung der Naturbilder. Lulu scheint ein Produkt jener »Sumpfzeugung« zu sein, die Bachofen in seinem Buch »Mutterrecht« einer frühen matriarchalischen Stufe der Kultur zuordnet; einer Stufe, die sich durch Chaos, Regellosigkeit und durch die Abwesenheit des männlichen Geistes und seiner Ordnung auszeichnet. Die Frau, die zu diesem »tellurischen« Zeitalter gehört, die Hetäre, ist für Bachofen Gegenbild der bürgerlichen Frau: Sie kennt weder Ehe noch Monogamie, sondern lebt in regelloser, anarchischer Freiheit. Lulus Sumpf-Natur hat einiges mit dieser am Ende des Jahrhunderts populär werdenden Vorstellung übers hetärische Zeitalter zu tun. Lulu repräsentiert, zumindest für Wedekind, die archaische, außerhalb der Geschichte stehende Frau, die sich ihre wahre Natur erhalten

konnte, weil sie der Erziehung zur bürgerlichen Ehefrau und Mutter entging.
Die Herkunft Lulus ist dunkel, sicher ist nur, daß sie keine Heimat und keine Eltern hat. Ihr erster Liebhaber, ein Mann aus dem Bürgertum, hat Lulu blumenverkaufend und noch halb-kindlich auf der Straße kennengelernt, aufgelesen und in sein Haus genommen.
Im Prolog zum Erdgeist wird Lulu im Kostüm eines Pierrot vorgestellt, als »Schlange« angesprochen und auf die Bühne getragen. Der Tierbändiger bemerkt über das »schöne wilde Tier«:
»Sie ward geschaffen, Unheil anzustiften, zu locken, zu verführen, zu vergiften – zu morden, ohne daß es einer spürt.
Mein süßes Tier, tu doch nicht so geziert!«
Lulu hat weder Vater noch Mutter. Ihre Herkunft und Jugendgeschichte kennt allein Schigolch, eine Figur aus der Unterwelt, der, wie Lulu, außerhalb der bürgerlichen Gesellschaft steht. Im Stück selbst hat sie bereits im ersten Aufzug die Grenze zwischen Wildnis und Zivilisation überschritten. Mit Hilfe ihres Liebhabers, Dr. Schön, hat sie, durch die von ihm gestiftete Ehe mit einem Medizinalrat, Eingang in die bürgerliche Gesellschaft gefunden. Schigolch ist der einzige, der Lulu noch Lulu nennt, ihre neuen Freunde, Ehemänner und Verehrer nennen sie, je nachdem, Eva, Mignon, Nellie; sie sprechen von ihr als »Teufelsschönheit« oder »Engelskind«.
Lulu weigert sich, über sich selbst Auskunft zu geben; auf die Frage, wer sie sei und woran sie glaube, antwortet sie nur: »Ich weiß es nicht!«
Bei einem Auftritt als Tänzerin posierte sie der Reihe nach als »Dancing girl«, als »Ballerina«, als »Königin der Nacht«, »Ariel« und »Lacaris«.
Einer ihrer Freunde findet sie in weißem Tüll »zu körperlos«, ein anderer dagegen findet, »sie sieht in dem Rosatüll zu animalisch aus«; der eine betont »das Kindliche ihrer Natur«,

der andere »das Weibliche ihrer Natur«. Jeder versucht etwas über Lulus »wahre Natur« zu erfahren und für jeden sieht diese Natur anders aus. Lulus Natur ist nicht mehr als ein Vexierbild, eine leere Fläche, die für jeden Mann, der Lulu begehrt, das Bild widerspiegelt, das er sich wünscht.
Und Lulu ist sich dieser Selbstinszenierung auch durchaus bewußt: »Was hätte aus mir werden sollen, wenn ich mich nicht besser aufs Theaterspielen verstände, als man auf der Bühne spielt«, bemerkt sie.
Wedekind betont jedoch immer wieder, daß Lulu für ihn reine unbewußte Natur repräsentiere. Fast alle Interpretationen des Doppeldramas schließen sich dieser Lesart an; immer wieder wird hervorgehoben, daß Lulu »unbedingte Natur«, »animalische Natur« und »reines Naturwesen« sei. Es herrscht stillschweigendes Einverständnis, daß die Gleichung Frau und Natur auch in der Version Wedekinds weiterhin zu gelten hat. Erst in den letzten Jahren haben Frauen in der Auseinandersetzung mit der Rezeption des Lulu-Mythos dieses Einverständnis aufgekündigt.
Einspruch erhoben gegen diese Interpretation wird jedoch auch im Stück selbst. Der Autor wird von seinem eigenen Geschöpf immer wieder darauf hingewiesen, daß sein Konstrukt sich durch Widersprüche definiert, die sich der Auflösung entziehen. Denn Lulu ist vom ersten Auftritt an die Artistin jener Weiblichkeit, die ihre Männer in ihr sehen. Lulu posiert nicht nur für andere, sondern sie inszeniert sich in der Rolle eines weiblichen Narziß auch für sich selbst: »Als ich mich im Spiegel sah, hätte ich ein Mann sein wollen ... mein Mann«, stellt sie fest.
Der Autor scheint wie blind gegenüber den Sätzen, die er Lulu in den Mund legt. Die Selbsttäuschung ist wohl nicht allein ein Denkfehler, nicht allein Folge einer widersprüchlichen Handlung. Sie ist vor allem Resultat einer Mythisierung, die anfängt so brüchig zu werden, daß ihre Widersprüche sich nicht mehr ausblenden lassen. Die Gleichung Frau und Natur geht selbst in der neuen Variante des schönen wilden Tiers

nicht mehr restlos auf. Lulu ist kein archetypisches Geschöpf, keine »zeitlose« Hetäre, die aus dem Dunkel der griechischen Vorgeschichte kommt. Sie bedarf, um einigermaßen glaubhaft agieren zu können, aller nur möglichen zeitgenössischen Requisiten, dazu gehört nicht nur die aktualisierte Hetäre, sondern auch die femme fatale im Stil der Zeit und die demi-monde.
Lulu ist nicht Natur, sondern jene Frau hoch zwei, die unablässig ihre Weiblichkeit für den Mann inszeniert. Damit ist sie einmal Gegenbild zur bürgerlichen Ehefrau, die ihr gegenüber prüde und blaß erscheinen muß. Vor allem aber ist sie die Antithese zum tatsächlich neuen Typus der sich emanzipierenden Frau.
Lulu kennt weder Frauenrechte noch bürgerliche Freiheiten, ohne Bildung, Erziehung lebt sie vom erotischen Kapital. Trotz aller Mythisierung bricht allerdings hin und wieder die soziale Realität in die Inszenierung ein und zwar immer dann, wenn deutlich wird, daß Lulu allen ihren Liebhabern gesellschaftlich weit unterlegen ist. Sie hat weder Vermögen noch Familie, ihr bleibt gar keine andere Wahl als sich selbst zum Objekt der Begierde zu machen.
Zu dieser sozialen Realität gehört auch, daß Lulu am Ende weder ins Wasser geht noch Entsagung übt, sondern von einem Frauenmörder umgebracht wird.
Mit Lulu ist ein Mythos an sein Ende gekommen. Was folgt, sind Varianten und Wiederholungen, der Vamp der Kinomythen; die blonde Venus, die mit der Boa über dem Arm Posen der Verführung inszeniert.

Hinter den Kulissen
Zum »Privattheater« der Hysterie

Die veränderten literarischen Bilder, die neuen Ikonographien Ödipus und die Sphinx betreffend, die Inszenierungen zum Thema »Kampf der Geschlechter«, verweisen auf etwas, das der Empirie des ausgehenden Jahrhunderts so nicht zu entsprechen scheint: die realen Verhältnisse zwischen den Geschlechtern jedenfalls sehen anders aus als auf der Bühne.

Trotzdem handelt es sich nicht nur um Phantasien; nicht nur um etwas masochistische Tagträume und Angstlustbilder einiger männlicher Autoren, die das Spiel spielen, was wäre wenn?

Es geht vielmehr auch, nehme ich an, um kulturelle Symptome einer Abwehr; um den Versuch nämlich, die Ungleichheit zwischen Männern und Frauen zu verdrängen, die weibliche Realität durch Bilder zu verschleiern. Denn was in diesen Phantasmagorien über »das Weib« und seine Trieb-Natur nicht vorkommt, ist ja gerade die Situation der bürgerlichen Frau, die sich im literarisierten Raubtier der belle Epoque kaum widergespiegelt finden konnte. Über Frauenrechte nachzudenken, sich über Rechtlosigkeit und Abhängigkeit aufzuklären, käme weder einer Lulu noch Salome noch anderen Varianten der zeitgenössischen Femme Fatale in den Sinn. Die hetärenhafte, erotische Frau, die in den kulturellen Inszenierungen eine so große Rolle spielt, braucht überhaupt keine formalen Rechte, da sie sich – in der Sicht ihres Autors – ohnehin all das nimmt, was sie haben will: sie agiert bewußtlos, asozial, seelenlos, triebhaft, dämonisch und anarchisch, das Denkverbot für Frauen schon »aus Instinkt« einhaltend.

Wieder einmal steht damit die Frau als Geschlechtswesen dem Mann als schöne Fremde gegenüber. Nur ist »das Weib«

diesmal auch bereit, seinen Käfig zu verlassen, die Peitsche zu schwingen und den Dompteur zu verschlingen.

Das erotische Monster ist sicher zuerst Wunschbild und Antithese zur viktorianischen Ehefrau: daneben ist es aber auch dazu geeignet, einer aufbegehrenden, von politischen Rechten sprechenden Minorität, als Idee »Weib« entgegengesetzt zu werden.

Wenn Lulu nämlich, wie die Prämisse lautet, tatsächlich die weibliche Natur repräsentiert, dann wären alle jene Frauen, die von Emanzipation und von Frauenrechten sprechen, keine wirklichen Frauen, sondern Zwittergeschöpfe, die ihr Geschlecht verfehlen. Dieser Verdacht wird der Frauenbewegung dann ja auch in Karikaturen, Witzen und Polemiken unablässig vorgehalten.

Am schärfsten formuliert Friedrich Nietzsche die Denunziation. Die ideologische Position, die er vertritt, ist keineswegs nur extreme Meinung eines Misogyn. Sie bringt nur auf den Begriff, was die vielen Troubadoure weiblicher Seele und Bestimmung in harmonisierende Floskeln und unter Frauenlob versteckt von sich geben. Nietzsche ist da zugleich genauer und ehrlicher. In der »Fröhlichen Wissenschaft« vor allem läßt er die philosophische Katze aus dem Sack, wenn er vor dem Anspruch des Weibes auf »Herrschaft« warnt.

» – das Weib entartet. Dies geschieht heute: täuschen wir uns nicht darüber! Wo nur der industrielle Geist über den militärischen und aristokratischen Geist gesiegt hat, strebt jetzt das Weib nach der wirtschaftlichen und rechtlichen Selbständigkeit eines Kommis: ›das Weib als Kommis‹ steht an der Pforte der sich bildenden modernen Gesellschaft. Indem es sich dergestalt neuer Rechte bemächtigt, ›Herr‹ zu werden trachtet und den ›Fortschritt‹ des Weibes auf seine Fahnen und Fähnchen schreibt, vollzieht sich mit schrecklicher Deutlichkeit das Umgekehrte: das Weib geht zurück. Seit der Französischen Revolution ist in Europa der Einfluß des Weibes in dem Maße geringer geworden, als es an Rechten und Ansprüchen zugenommen hat; und die ›Eman-

zipation des Weibes‹ insofern sie von den Frauen selbst (und nicht nur von männlichen Flachköpfen) verlangt und gefördert wird, ergibt sich dergestalt als ein merkwürdiges Symptom von der zunehmenden Schwächung und Abstumpfung der allerweiblichsten Instinkte. Es ist Dummheit in dieser Bewegung, eine beinahe maskulinische Dummheit, deren sich ein wohlgeratenes Weib – das immer ein kluges Weib ist – von Grund aus zu schämen hätte. Die Witterung dafür verlieren, auf welchem Boden man am sichersten zum Siege kommt; die Übung in seiner eigentlichen Waffenkunst vernachlässigen; sich vor dem Manne gehen lassen, vielleicht sogar ›bis zum Buche‹, wo man sich früher in Zucht und feine listige Demut nahm; dem Glauben des Mannes an ein im Weibe verhülltes grundverschiedenes Ideal, an irgendein Ewig- und Notwendig-Weibliches mit tugendhafter Dreistigkeit entgegenarbeiten; dem Manne es nachdrücklich und geschwätzig ausreden, daß das Weib gleich einem zarteren, wunderlich wilden und oft angenehmen Haustiere erhalten, versorgt, geschützt, geschont werden müsse; das täppische und entrüstete Zusammensuchen all des Sklavenhaften und Leibeigenen, das die Stellung des Weibes in der bisherigen Ordnung der Gesellschaft an sich gehabt hat und noch hat (als ob Sklaverei ein Gegenargument und nicht vielmehr eine Bedingung jeder höheren Kultur, jeder Erhöhung der Kultur sei) – was bedeutet dies alles, wenn nicht eine Anbröckelung der weiblichen Instinkte, eine Entweiblichung?«
Hier wird klar und deutlich ein Ressentiment formuliert, das auch heute noch in vielen Köpfen, wenn auch in entschärfter Form, weiterspukt. Was der modernen »Entweiblichung« in der »Fröhlichen Wissenschaft« entgegengehalten wird, ist wieder einmal die Lulu-Metaphorik; anderes fällt auch Nietzsche zum Thema Weib gleich Natur gleich Trieb nicht ein:
»Das, was am Weibe Respekt und oft genug Furcht einflößt, ist seine *Natur*, die ›natürlicher‹ ist als die des Mannes, seine echte raubtierhafte listige Geschmeidigkeit, seine Tigerkralle

unter dem Handschuh, seine Naivität im Egoismus, seine Unerziehbarkeit und innerliche Wildheit, das Unfaßliche, Weite, Schweifende seiner Begierden und Tugenden.«
Allerdings ist das Raubtier nicht dazu bestimmt, in glücklicher Amoral seiner Natur zu leben. Es ist vielmehr durch sein Geschlecht zum chronischen Unglück verurteilt. Nietzsches etwas überraschende Pointe nämlich lautet: »Was, bei aller Furcht, für diese gefährliche und schöne Katze ›Weib‹ Mitleiden macht, ist, daß es leidender, verletzbarer, liebebedürftiger und zur Enttäuschung verurteilter ist als irgendein Tier.«
An anderer Stelle führt Nietzsche das Unglück der Frau auf ihre überzogene Erwartung in die »Geschlechtsliebe« zurück, die ihr »alle Perspektiven« verdürbe.
Das Bild wahrer Weiblichkeit, das er der Emanzipierten entgegenhält, ist demnach eine Synthesis aus Tigerkralle, orientalischer Sklavin und unglücklich Liebender. Dem Besitzer der Katze ist es denn auch nur möglich, dem Tier mit Furcht und Mitleiden zuzusehen. Was der philosophische Dompteur am meisten fürchtet, ist nicht die Klaue der Katze, sondern die »Entzauberung« des Weibes, das sich vom Tierstadium lösen will. Trotz aller Denunziation der Emanzipierten, trotz aller Sottise gegen weibliches Zeitunglesen und Politisieren, kommt Nietzsche nicht umhin, einen Blick auf die gesellschaftliche Wirklichkeit der Katze zu werfen. Die aber sieht anders aus, »denn man verdirbt überall ihre Nerven . . . und macht sie täglich hysterischer und zu ihrem ersten und letzten Berufe, kräftige Kinder zu gebären, unfähiger«.
Damit ist aber bereits das Stichwort gefallen, das am Ende des Jahrhunderts Irritation bewirkt: das Stichwort Hysterie. Die Psychoanalyse hat inzwischen darüber aufgeklärt, was sich hinter dieser »weiblichen« Krankheit, die um 1890 zur Epidemie wird, verbirgt. In der »Hieroglyphenschrift« der Hysterie, von der Sigmund Freud spricht, konvertiert das psychische Leiden ins körperliche Symptom. Das Symptom aber gibt in Körperbildern das frei, was im Bewußtsein nicht

zur Sprache kommen darf, die gekränkte Subjektivität, das verschwiegene, verleugnete Leiden. Eine hysterische Gesichtslähmung zum Beispiel kann von einer kränkenden Bemerkung herrühren, die »wie ein Schlag ins Gesicht« empfunden wurde; chronische Halsschmerzen von der Erinnerung an eine Situation, die von dem Gedanken begleitet wird: »das muß ich herunterschlucken.«

Der junge Sigmund Freud hat bereits eine Erklärung dafür, warum die Hysterie als weiblich gilt: die Frau, zur Passivität gezwungen, kann nicht wie ein Mann »Satisfaktion verlangen«. Sie kann eine Kränkung nicht durch Aggression oder durch die Tat abreagieren. Der unerledigte Affekt löst schließlich, wird die Summe der Kränkungen »zuviel«, die körperliche Krankheit aus. Für die Hysterikerin wird »das Kranksein ihre einzige Waffe in der Lebensbehauptung. Es verschafft ihr die ersehnte Schonung, es zwingt den Mann zu Opfern und Geld und Rücksicht, die er der Gesunden nicht gebracht hätte, es nötigt ihn zur vorsichtigen Behandlung . . .«

Krankheit also als einzige Waffe, die der Frau überhaupt zur Verfügung steht.

Horst Eberhard Richter sieht in der Hysterie nicht nur eine Waffe, sondern eine »unbewußte Widerstandsform«; die Weigerung nämlich, Angst und Leiden auch weiterhin »gefügig und diskret« bei sich zu bewahren:

»Widerstand entfaltete sich offen in den ersten Ansätzen der Frauenbewegung, die sich – mit Unterbrechungen – allmählich immer mehr ausgeweitet hat. Im Gegensatz zu diesem offen zutage liegenden Phänomen wird eine andere, unbewußte Widerstandsform sehr viel weniger in dieser Bedeutung verstanden. Es handelt sich um diejenige soziale Weigerung, die gemeinhin als Neurose, als nervöse Erschöpfung, als funktionelles Syndrom, als Hysterie oder psychosomatische Krankheit eingeordnet und an die Medizin verwiesen wird. Nachträglich stellt sich insbesondere die Hysterie als diejenige Ausdrucksform dar, der sich viele unterdrückten Frauen Ende des 19. Jahrhunderts notgedrungen bedienten, um auf ihre unerträgliche Lage aufmerksam zu machen.«

In der verschobenen Sprache der Hysterie, in der Verschiebung des psychischen Leidens ins körperliche Symptom, kommt das zum Ausdruck, was die Psychoanalytikerin Luce Irigaray als »Sprachweh« bezeichnet. Nur unter Hypnose fanden die ersten Patientinnen der Wiener Ärzte Sigmund Freud und Josef Breuer überhaupt eine Möglichkeit, die Zensur aufzuheben.

Anna O. zum Beispiel, die berühmt gewordene Patientin Breuers, die sich später der Frauenbewegung anschloß, war sich von Anfang an darüber im klaren, was mit ihr geschah. Sie bezeichnete das Verfahren, dem sie sich unterwarf und das sie zugleich miterfand, als »talking-cure«, als Sprechkur. Nicht nur Anna O., auch die anderen Frauen, deren Geschichte in den »Studien über Hysterie« aufgezeichnet sind, waren in der Lage, über ihre innere Situation Auskunft zu geben. Liest man heute die Protokolle aus den neunziger Jahren, so erscheint die Erinnerung an eine Folge von »Kränkungen«, die schweigend hingenommen werden mußten, als Leitmotiv: Die Kränkung löst, wird sie »zuviel«, die Konversion ins körperliche Symptom aus.

Dabei geht es nie, wie Freud ausdrücklich hervorhebt, um Phantasien, sondern um konkrete »Erinnerungen«, die in den psychischen Untergrund verschoben werden mußten.

Alle diese Kränkungen haben sehr direkt mit der Zurücksetzung des weiblichen Kindes in der Familie zu tun.

Die körperlichen Symptome, Lähmungen, Sehstörungen, diffuse Schmerzen und »Stürme im Kopf« sind »Reminiszenzen«, die sich im Alltag der Sprache und dem Bewußtsein entziehen.

Der Widerstand der hysterischen Frau, das auszusprechen, was sie krank gemacht hat, blockiert jede Veränderung, jede Selbstheilung, jede Abreaktion im Affekt.

Dieser Widerstand geht so weit, daß sie, »ohne daß dies ihrem Willen unterliegt«, eher ihre Sprechstörungen und sogar den zeitweiligen Verlust der Sprache in Kauf nimmt, als ihr Schweigen zu brechen. Nach außen gibt sie sich, abgesehen vom körperlichen Symptom, gelassen und »heiter«, Freud spricht, an Charcot anknüpfend, von der »belle indifference« der Hysterischen.
Unter Hypnose oder später in freier Assoziation wird jedoch eine ganz andere Geschichte erzählt; eine Geschichte, die mit schöner Gleichgültigkeit nichts zu tun hat, sondern mit Unglück und frühem Leid, das der Frau, die sich erinnert, die Sprache verschlagen hat. Fast alle Patientinnen berichten, das Gefühl zu haben, ständig »etwas hinunterschlucken zu müssen«. Im Klartext heißt das: die Kränkung durch die Familie oder später durch den Mann, mußte, wie Freud bemerkt, »hinuntergeschluckt werden«. Sie konnte nicht abreagiert werden, weil »häufig soziale Gründe eine Reaktion unmöglich machten«. In Klammern fügt Freud hinzu: »So häufig im Eheleben.«
Die Sprache wird damit zum therapeutischen Mittel, Zugang zu verdrängten, vergessenen Erinnerungen zu finden. Dies entspricht der Freudschen These, daß Symptome verschwinden, wenn man ihre unbewußten Vorbedingungen bewußtgemacht hat. In den gemeinsam mit Breuer geschriebenen ›Studien über Hysterie‹ wird das Verfahren der talking-cure genauer ausgeführt:
»Wir fanden nämlich zu unserer größten Überraschung, daß die hysterischen Symptome sogleich und ohne Wiederkehr verschwanden, wenn es gelungen war, die Erinnerung an den veranlassenden Vorgang zu voller Helligkeit zu erwecken, damit auch den begleitenden Affekt wachzurufen, und wenn dann der Kranke den Vorgang in möglichst ausführlicher Weise schilderte und dem Affekt Wort gab ... der psychische Prozeß, der ursprünglich abgelaufen war, muß so lebhaft als möglich wiederholt, in statum nascendi gebracht und dann ausgesprochen werden ... Ist einmal ein Bild aus

der Erinnerung aufgetaucht, so kann man den Kranken sagen hören, daß es in dem Maße zerbröckle und undeutlich werde, wie er in seiner Schilderung desselben fortschreite. Der Kranke trägt es gleichsam ab, indem er es in Worte umsetzt.«

Bestand die Wortarbeit der Patientin darin, sich zu erinnern und den Weg zum Vergessenen und Verdrängten zurückzugehen, so war es Aufgabe des Arztes, die unbewußten Widerstände und Hemmungen aufzudecken, die sie hinderten, frei zu assoziieren.

In einem ersten, noch fragmentarischen Ansatz wird der weibliche Konflikt, die Kränkung »ohne Satisfaktion« bereits in der ersten Krankengeschichte aufgedeckt, die Freud in den Studien über Hysterie mitteilt; in der Geschichte der Emmy von N. Die Methode, die später zur Technik der Psychoanalyse führt, ist hier noch ganz unzulänglich ausgebildet.

Der Arzt, der als Therapeut noch im Dunkeln tappt, wagt lediglich den Versuch, die hypnotische Methode seines Kollegen Josef Breuer zum erstenmal selbst anzuwenden.

Am 1. Mai 1889 wird er einer »etwa vierzigjährigen Dame vorgestellt, deren Leiden wie deren Persönlichkeit mir so viel Interesse einflößten, daß ich ihr einen großen Teil meiner Zeit widmete und mir ihre Herstellung zur Aufgabe machte«.

Emmy von N. leidet unter verschiedenen körperlichen Störungen und unter Sprachhemmungen. Der Arzt versucht sie durch »Reminiszenzen« zu heilen; er versucht unter Hypnose die Erinnerungen zu wecken, die zuerst den Affekt und dann das Symptom auslösten, wie er vermutet. Emmy von N. erinnert sich dann auch an traumatische Kindheitseindrücke, bei denen sie »zum erstenmal die Sprache verlor«: sie sah eine Cousine »ins Irrenhaus führen« und erzählt, daß ihre Mutter auch einige Zeit im Irrenhaus lebte. »Dabei krampfen sich ihre Hände vor Grausen, sie sieht dies alles vor Augen. Ich – ... versichere ihr, sie werde von einer solchen Anstalt hören können, ohne eine Beziehung auf sich zu verspüren, und dabei glättet sich ihr Gesicht.«

Das, was Emmy von N. später immer wieder fast sprachlos macht, ist in diesen Bildern klar erkennbar: die Verknüpfung von Geschlecht und der Angst, ins Irrenhaus zu kommen; die Angst also, selbst das Schicksal der Mutter und der Cousine zu erleiden.

Freud bemerkt an Emmy von N. eine »Neigung zur Selbstverkleinerung«, »zur Selbstquälerei« und zu »schweren Vorwürfen gegen sich selbst«. Auf der anderen Seite nimmt er ihre »männliche Intelligenz und Energie« wahr, die über die Norm hinausgeht; trotz ihrer in seiner Sicht männlichen Züge ist sie für ihn »auch als Dame achtenswert«.

Wie alle anderen Patientinnen auch, erinnert sich Emmy von N. daran, bereits als junges Mädchen zur Krankenpflege herangezogen worden zu sein. Sie »ekelt sich« noch in der Erinnerung vor dem Bruder, der »die gräßliche Krankheit hatte« und den sie pflegen mußte. Von ihrer Familie erfährt sie trotz aller Aufopferung nur Kränkung und Zurücksetzung. Nach dem Tod ihres Mannes, den sie gegen den Willen der Angehörigen heiratet, übernimmt sie sein Industrieunternehmen, arbeitet wie ein Mann und reagiert im Privaten »als Dame«: Dame zu sein aber bedeutet für sie Selbstverkleinerung, Demut, Fürsorge, sexuelle Askese, übertriebene Rücksichtnahme auf andere. Ihr Arzt findet im Laufe der Behandlung für alle Symptome Ursachen, die in der Kindheit und Jugend liegen. Ihren Grundkonflikt aber deutet er nur vorsichtig an. Emmy von N. versucht, ihre »männliche« Intelligenz, ihre »unweibliche« Selbständigkeit mit den anderen Forderungen der weiblichen Rolle in Übereinstimmung zu bringen. Die Überforderung, die darin liegt, wie ein Mann zu denken und zu arbeiten und trotzdem dem zu entsprechen, was Freud das »weibliche Ideal« nennt, führt auf die Dauer zur »Erschöpfung«. Der Arzt konstatiert am Beispiel der Emmy von N. zum erstenmal, daß Hysterie nicht auf übertriebener weiblicher Schwäche beruht, sondern im Gegenteil auf einer »psychischen Überleistung«.

Freud erkennt zwar den Konflikt, bringt aber in seinen

Kommentaren zur Krankengeschichte sehr klar zum Ausdruck, daß auch er am weiblichen Ideal festhält. Eine Tochter der Emmy von N. wird von ihm ihres »übertriebenen Ehrgeizes« wegen, der sie zum Studium und zum Beruf motiviert, scharf getadelt.
In der Geschichte der Elisabeth von R. ist ein ähnliches Grundmuster zu erkennen.
Das Stichwort, das der Familie gilt, lautet: »viel Unglück und wenig Erfreuliches«.
Elisabeth von R. wird von Kind an zur Krankenpflege herangezogen. Eine tiefere Beziehung hat sie nur zu ihrem Vater, »der zu sagen pflegte, diese Tochter ersetze ihm einen Sohn und einen Freund, mit dem er seine Gedanken austauschen könne«. Trotzdem »entging es doch dem Vater nicht, daß sich dabei ihre geistige Konstitution von dem Ideal entfernte, welches man gerne in einem Mädchen verwirklicht sieht«. Der Vater nennt sie »keck und rechthaberisch« und meint, »sie werde es schwer haben, einen Mann zu finden«.
Sie selbst beschreibt sich als »mit ihrem Mädchentum recht unzufrieden, sie war von ehrgeizigen Plänen erfüllt, wollte studieren oder sich in Musik ausbilden, empörte sich bei dem Gedanken, in einer Ehe ihre Neigungen und die Freiheit ihres Urteils opfern zu müssen«.
Es gelingt ihr, die Familie mit den »schrofferen Seiten ihres Charakters« durch übergroße Selbstlosigkeit und durch Zurücksetzung ihrer Wünsche auszusöhnen. Sie pflegt den Vater, der ein Herzleiden hat, und verläßt kaum das Krankenbett. Nach seinem Tod versucht sie der Mutter einen »Ersatz für das verlorene Glück« zu geben. Sie nimmt den Kampf gegen einen Schwager auf, der sich »rücksichtslos« gegen die Mutter verhält. »Sie konnte es ihrer verheirateten Schwester nicht vergeben, daß diese in frauenhafter Fügsamkeit bestrebt war, jede Parteinahme zu vermeiden.« Später, nach der Heirat und nach dem frühen Tod ihrer jüngeren, zweiten Schwester wird Elisabeth selbst zur Kranken in der

Familie. Der Arzt ist zunächst über die Banalität der Geschichte enttäuscht, die ihm Elisabeth von R. erzählen kann. Später erweist sich, daß ihre Lähmungen und Gehstörungen auf Schuldgefühlen dem Vater gegenüber beruhen. Sie beschuldigt sich, ihn während seiner Krankheit einmal alleingelassen zu haben, um sich mit einem jungen Mann zu treffen. Noch später erwähnt sie »ihr Alleinstehen« in der Welt, ihre »Hilflosigkeit« der Mutter gegenüber, die Unfähigkeit, sich dem Schwager gegenüber durchzusetzen, und das Empfinden, »sie komme nicht von der Stelle«. Trotz ihrer »kecken« und »bubenhaften« Züge fühlt sie sich dazu verpflichtet, die eigenen Wünsche zu verleugnen. Als sie sich in den Mann ihrer jüngeren Schwester verliebt und als diese Schwester nach kurzer Ehe stirbt, unterdrückt sie mit Mühe den Gedanken: »Jetzt ist er wieder frei, und ich kann seine Frau werden.«

Ihre Krankheit beruht, verkürzt gesagt, auf der ständigen Unterdrückung der eigenen Wünsche und auf dem Versuch, die »unweiblichen« Züge, die sie an sich bemerkt, durch übertriebene Anpassung an die weibliche Rolle zu kompensieren. Der Arzt kommt am Ende zu folgender Einschätzung des Falles:

»Ich habe mich bemüht, die Aufklärungen, die ich über den Fall des Fräuleins Elisabeth von R. . . . geben kann, in die Darstellung ihrer Heilungsgeschichte zu verflechten; vielleicht ist es nicht überflüssig, das Wesentliche hier im Zusammenhange zu wiederholen. Ich habe den Charakter der Kranken geschildert, die Züge, die bei so vielen Hysterischen wiederkehren und die man wahrhaftig nicht auf Rechnung einer Degeneration setzen darf: die Begabung, den Ehrgeiz, die moralische Feinfühligkeit, das übergroße Liebesbedürfnis, das zunächst in der Familie seine Befriedigung findet, die über das weibliche Ideal hinausgehende Selbständigkeit ihrer Natur, die sich in einem guten Stücke Eigensinn, Kampfbereitschaft und Verschlossenheit äußert.«

Freuds Hinweis auf eine Selbständigkeit, die übers weibliche

Ideal hinausgeht, enthält in nuce bereits die erst später ausgearbeitete Theorie der Hysterie.

In einer Arbeit aus dem Jahr 1908 »Allgemeines über den hysterischen Anfall« führt Freud die »weibliche« Krankheit direkt auf »männliche« Strebungen zurück, die in der Entwicklung zur Weiblichkeit unterdrückt werden, im psychischen Untergrund aber weiterwirken:

In dem Vortrag »Allgemeines über den hysterischen Anfall« kommt er zu einem Resümee, etwas wie ein letztes Wort zum Thema: »Im ganzen setzt der hysterische Anfall, wie die Hysterie überhaupt, beim Weibe ein Stück Sexualbetätigung wieder ein, das in den Kinderjahren bestanden hatte und damals exquisit männlichen Charakter erkennen ließ. Man kann es häufig beobachten, daß gerade Mädchen, die bis in die Jahre der Vorpubertät bubenhaftes Wesen und Neigungen zeigten, von der Pubertät an hysterisch werden. In einer ganzen Reihe von Fällen entspricht die hysterische Neurose nur einer exzessiven Ausprägung jenes typischen Verdrängungsschubes, welcher durch Wegschaffung der männlichen Sexualität das Weib entstehen läßt.«

Mit anderen Worten: die Hysterie ist die Folge einer ständigen, übermäßigen Anstrengung, sich ans Ideal anzupassen, das Verkümmerung und Reduktion, Passivität und Frigidität verlangt. Sie ist die Krankheit jener Frauen, die zum offenen Widerstand, zum Protest nicht fähig sind, denen aber auch die vollständige Anpassung nicht gelingt.

In der Geschichte der Anna O., die von Josef Breuer mitgeteilt wird, ist das Drama der Frau, die versucht, sich an ein Ideal anzupassen, das für ihre Begabung und ihre Möglichkeiten zu eng ist, bereits enthalten. Anna O., ein junges Mädchen aus guter Familie, wird wegen einer schweren und komplizierten Hysterie mit Lähmungen, Sprachstörungen und Sehstörungen zwischen 1890 und 1892 von Breuer behandelt. Er versucht Anna O. durch Hypnose von ihrem Leiden zu befreien. Später bricht er, wie Freud erst Jahre danach preisgibt, die Behandlung abrupt ab, als er bemerkt,

daß die Patientin sich in ihn verliebt hat; das Phänomen »Übertragungsliebe« ist noch nicht bekannt.
Josef Breuer beschreibt die Situation der Anna O. so: »Sie selbst früher stets gesund, ohne irgendein Nervosum während der Entwicklungsperiode; von bedeutender Intelligenz, erstaunlich scharfsinniger Kombination und scharfsichtiger Intuition; ein kräftiger Intellekt, der auch solide geistige Nahrung verdaut hätte und sie brauchte, nach Verlassen der Schule aber nicht erhielt. Reiche poetische und phantastische Begabung, kontrolliert durch sehr scharfen und kritischen Verstand. Nur Argumente, nie Behauptungen hatten Einfluß auf sie. Ihr Wille war energisch, zäh und ausdauernd; manchmal zum Eigensinn gesteigert, der sein Ziel nur aus Güte, um anderer willen, aufgab.
Zu den wesentlichsten Zügen des Charakters gehörte mitleidige Güte; die Pflege und Besorgung einiger Armen und Kranken leistete ihr selbst in ihrer Krankheit ausgezeichnete Dienste; da sie dadurch einen starken Trieb befriedigen konnte. –
Dieses Mädchen von überfließender geistiger Vitalität führte in der puritanisch gesinnten Familie ein höchst monotones Leben, das sie sich in einer für ihre Krankheit wahrscheinlich maßgebenden Weise verschönerte. Sie pflegte systematisch das Wachträumen, das sie ihr ›Privattheater‹ nannte. Während alle sie anwesend glaubten, lebte sie im Geiste Märchen durch, war aber, angerufen, immer präsent, so daß niemand davon wußte. Neben den Beschäftigungen der Häuslichkeit, die sie tadellos versorgte, ging diese geistige Tätigkeit fast fortlaufend einher.«
Als der Vater, an dem sie »leidenschaftlich hängt«, schwer krank wird, verfällt sie nach Monaten intensiver Krankenpflege in Absencen; sie entwickelt schwere Sprachstörungen. Sie klagt darüber, »zwei Ichs« zu haben, ein »wirkliches und ein schlechtes, das sie zu Schlimmem zwinge«. Sie verliert zunehmend die Sprache und zieht sich auf eine Art Privatsprache zurück, die anderen unzugänglich ist. Breuer

bemerkt: »Hier wurde nun zuerst der psychische Mechanismus der Störung klar. Sie hatte sich über etwas sehr gekränkt und beschlossen, nichts davon zu sagen. Als ich das erriet und sie zwang, davon zu reden, fiel die Hemmung weg, die vorher auch jede andere Äußerung unmöglich gemacht hatte.«
Nach dem Tod des Vaters verschlimmert sich ihr Zustand, »alle Menschen erschienen ihr wie Wachsfiguren, ohne Beziehung auf sie selbst«, sie spricht eine Zeitlang nur noch englisch: Wenn sie schreibt, dann mit der linken Hand und mit Antiqua-Druckbuchstaben, die sie sich aus ihrer Shakespeare-Ausgabe zusammensucht. Unter dem Einfluß der Hypnose erzählt sie von Schreckvisionen und Halluzinationen, die sie ständig quälen. Der Arzt nimmt ihr durch Zuhören den »Vorrat an Phantasmen ab«, sie findet für diesen Dialog den Ausdruck »talking cure«. Nach und nach erinnert sie sich an die Erlebnisse, die die Angstzustände und Visionen bei ihr ausgelöst haben: Breuer notiert:
»Ein Streit, in dem sie die Antwort unterdrückte, verursachte einen Glottiskrampf, der sich bei jeder ähnlichen Veranlassung wiederholte.
Die Sprache versagte
a) aus Angst, seit der ersten nächtlichen Halluzination;
b) seit sie wieder einmal eine Äußerung unterdrückte (aktive Hemmung);
c) seit sie einmal ungerecht gescholten worden war;
d) bei allen analogen Gelegenheiten (Kränkung).
Husten trat das erstemal ein, als während der Krankenwache aus einem benachbarten Haus Tanzmusik herübertönte und der aufsteigende Wunsch, dort zu sein, ihre Selbstvorwürfe erweckte.«
Nach und nach verschwinden durch die sprachliche Abreaktion alle Symptome: »Dann verließ sie Wien für eine Reise, brauchte aber doch noch längere Zeit, bis sie ihr ganzes psychisches Gleichgewicht wiedergefunden hatte. Seitdem erfreut sie sich bester Gesundheit.«
In einer Nachbemerkung zur Geschichte der Anna O. führt

Josef Breuer ihre Disposition zur Krankheit auf »den in monotonem Familienleben und ohne entsprechende geistige Arbeit unverwendeten Überschuß an psychischer Regsamkeit und Energie« zurück; ein Überschuß, der sich »in fortwährendem Arbeiten der Phantasie entladet«.
Die Wachträume, die sie als ihr »Privattheater« bezeichnet, sind Ersatz für das, was ihr in der Realität vorenthalten wird, intellektueller Arbeit, Ausbildung und Anregung.
Freud weist, auf Anna O. anspielend, in den ›Studien über Hysterie‹ darauf hin, daß »Hysterie schwerster Form mit der reichhaltigsten Begabung vereinbar ist – eine Tatsache, die übrigens aus den Biographien der für Geschichte und Literatur bedeutsamen Frauen bis zur Evidenz hervorleuchtet«.
Der »zur Sexualunterdrückung erforderlichen Denkhemmung« gegenüber »verhalten sie sich wie resistent«, sie akquirieren sonderbarerweise nicht die »unzweifelhafte intellektuelle Inferiorität vieler Frauen«, setzt er hinzu. Einigermaßen erstaunt konstatiert er, daß Hysterikerinnen sich jener »intellektuellen Verkümmerung« einfach entziehen, die für ihn zum anatomischen Imperativ, zum unerbittlichen biologischen Schicksal der Frau gehören.
Das Dilemma liegt also darin, daß gerade jene Frauen hysterisch werden, die zu begabt, zu aktiv, zu »männlich intellektuell« sind, um im weiblichen Ideal aufzugehen. Was sie krank macht, ist nicht weibliche Schwäche, sondern die ihnen durch ihre gesellschaftliche Rolle auferlegte Reduktion und Verkümmerung.
Freuds große Leistung ist, daß er das Dilemma, den Grundkonflikt der Hysterie, beginnt aufzudecken, als es ihm gelingt, die »Hieroglyphen« des Symptoms in Sprache zu übersetzen, »redende Steine« in den stummen Bildern aus der Vergangenheit aufzufinden.
Auf einem anderen Blatt steht, daß er im Bann seiner Theorie über die kastrierte Frau nicht in der Lage ist, das weibliche Ideal, das seine Patientinnen krank macht, in Frage zu stellen.

Franziska zu Reventlow oder Der Zauber der Boheme

Aus der Ferne, aus historischem Abstand, sieht Franziska Gräfin zu Reventlow fast so aus, wie ich mir die befreite Frau der Jahrhundertwende vorstellen könnte. In den vielen Rollen und Maskeraden ihres Lebens – als Bohemienne und Abenteurerin, als Freundin bedeutender Männer und später als Schriftstellerin – scheint sie eine Utopie in Lebenspraxis übersetzt zu haben.

Franziska zu Reventlow träumte nicht nur von dem, was heute Selbstverwirklichung genannt wird, sondern machte die Befreiung von Konventionen, die sie nicht akzeptieren konnte und wollte, zur Maxime ihres Handelns.

In den Erinnerungen ihrer Freunde wird daher auch ihre »innere Freiheit« und Souveränität fast immer an erster Stelle erwähnt. In der Sicht dieser Philosophen, Literaten und Exzentriker erscheint Franziska zu Reventlow als Symbolfigur jenes weiblichen Ideals, das in den neunziger Jahren des ausgehenden »bürgerlichen« Jahrhunderts, wie Nietzsche es nannte, entworfen wurde. Dieses Ideal ist ein Gegenentwurf zum Viktorianismus und seiner Moral; es gilt einer Frau, die nicht mehr in den Funktionen der Ehefrau und Mutter aufgeht, sondern sich dem verschreibt, was damals »freie Liebe« genannt wurde.

Wedekinds Lulu zum Beispiel, die von der zeitgenössischen Kritik manchmal mit Franziska zu Reventlow verglichen wurde, spiegelt die eine extreme Variante dieses Typus. Ernst Bloch beschreibt das Ideal in einer anderen, positiven Formulierung. Im »Prinzip Hoffnung« heißt es:

»Das neue Weib hatte damals seine Wasserrosen- und Sonnenblumen-Utopie zusammen mit dem Jugendstil-Mann; es war eine bohemehaft-literarische, doch eben deshalb keine zahme. Der Hintergrund erträumter Frauenzukunft war mit festlich-dionysischen Revolutionsbildern erfüllt, von denen ein Menschenalter später wenig mehr als die Befreiung vom Korsett und das Recht zu rauchen, zu wählen und zu studieren übrigblieb.«

Franziska zu Reventlow scheint wie keine andere, lebendiges Beispiel für jene »erträumte Frauenzukunft« zu sein. Als einzige Frau spielte sie in den Schwabinger Männerbünden und Künstlercliquen eine Rolle, die über die der Muse oder Mätresse weit hinausging. Ihre Freunde und Liebhaber träumten von der neuen Frau; sie übersetzte den Tagtraum in ihre eigene Wirklichkeit. Und sie spielte zudem die Rolle des Weltkinds, dem das Leben jenseits der Konvention leicht zu fallen schien. Sie »opferte« dem »Gott Zufall«, wie sie im Tagebuch einmal formuliert, verweigerte aber das Leiden der weiblichen Außenseiterin.

Beim genaueren Hinsehen jedoch verschiebt sich das allzu schöne, allzu utopische Bild eines Lebens ohne Unglück, Depression und Erschöpfung. Das Selbstbild, das Franziska zu Reventlow in ihren Tagebüchern, Briefen und in dem autobiographischen Jugendroman »Ellen Olesternje« entwirft, unterscheidet sich sehr von dem idealisierten Bild, das sich ihre männliche Umwelt von ihr macht.

Gerade die inneren und äußeren Widersprüche, in die Franziska zu Reventlow sich immer wieder verwickelte, zeigen jedoch sehr genau, was es um 1900 für eine Frau bedeutet, die eigenen Wünsche ernster zu nehmen als die geltenden Normen. Im Tagebuch, das sie von Kindheit an führt, notiert sie: »Ich will überhaupt lauter Unmögliches, aber lieber will ich das wollen, als mich im Möglichen schön zurechtlegen.«

Und auf der anderen Seite gibt es nichts, was sie mehr haßt als die Formel: »Es geht nicht«; ein Satz, der für sie alle pädagogischen Maximen ihrer Kindheit zusammenfaßt.

Das »Unmögliche« zu wollen und das »Es geht nicht« zu verachten, wird auch einem Mann nur schwer verziehen. Für eine Tochter aus gutem Hause aber bedeutet das »Unmögliche« immer schon den Schritt vom Wege ab und Skandal.

Franziska zu Reventlow stand seit dem frühen Bruch mit ihrer Familie und seit ihrer Flucht aus einer kurzen Ehe zwischen allen Klassen und Schichten. Ihre Weigerung, die Rolle zu spielen, zu der sie erzogen worden war, bezahlte sie – darüber war sie sich stets sehr klar – nicht nur mit dem gesellschaftlichen »Bankrott«, sondern darüber hinaus mit existentieller Heimatlosigkeit.

Für sie gab es im Gegensatz zu den Männern ihrer Schwabinger Umgebung keinen Mittelweg und keinen Kompromiß zwischen bürgerlicher Reputation und unbürgerlicher Freiheit. Für die weibliche Außenseiterin blieb nur das ständige Provisorium und ein schwieriger Trapez-Akt zwischen dem Leben »ganz oben«, zu dem sie erzogen worden war und einem »Leben ganz unten«, dem ihre Herkunft und ihre Erziehung im Wege standen.

Ihre »wurzellose« Existenz, ihr Leben zwischen allen Stühlen reflektiert sie später ohne Larmoyanz, aber auch ohne Verklärung, wenn sie in dem Roman »von Paul zu Pedro« ironisch feststellt: »Manchmal finde ich es verzweifelt unbequem, einen schlechten Ruf zu haben. Wäre ich noch einmal achtzehn Jahre alt, so würde ich die Sache anders angreifen, mich entweder ganz in die Tiefe begeben oder darauf schauen, gesellschaftlich durchaus oben zu bleiben. Der Mittelweg ist in diesem Fall an Freunden vielleicht der reichere, aber jedenfalls bei weitem der unbequemste . . . ich würde heute jedem blutjungen Mädel, das leben und kompromittieren verwechselt, aufs dringendste raten, seinen Ruf zu wahren, bis es in dieser oder jener Welt – ich meine in Lebekreisen oder in der Gesellschaft – eine feste Position hat. Die Ausnahmestellung zwischen beiden Welten ist von Übel, außer, wenn sie ungemein glänzend finanziert ist.«

Über die Rituale jenes Lebens »ganz oben«, zu dem sie »eigentlich« erzogen worden war, wußte Franziska zu Reventlow sehr genau Bescheid. Es gibt nur wenige Schriftstellerinnen, die sich um 1900 so klar und mitleidlos über weibliche Erziehung äußern wie Franziska zu Reventlow. In

einem Pamphlet aus dem Jahr 1899 heißt es zum Beispiel:
»In den Schichten der Gesellschaft, die man innerlich und äußerlich zum Filistertum, zur Burschoisie rechnen kann, ist man sich völlig klar darüber, was der Frau ziemt und ansteht. Da gibt es keine Zweifel und keine entgegengesetzten Meinungen. Vor allem handelt es sich darum, daß das Leben sich möglichst glatt und anständig ohne lärmende Konflikte abwickelt.
Die erste Bedingung dazu ist, daß von der Frau möglichst wenig Wesens gemacht wird. Daß sie sich ihren tadellosen Ruf bewahrt und einen gutsituirten Mann, also eine auskömliche Versorgung bekomt. – In diesen zweien Geboten hanget das ganze Gesez und die Profeten.
Als kleines Mädchen artig in die Schule und manierlich mit Eltern oder ›Fräuleins‹ spazieren gehn, als großes Mädchen je nach den Verhältnißen als Nuzobjekt oder Dekorazjonsgegenstand im Hause figurieren, als Braut sittig errötend an der Aussteuer nähen, als Frau dem Gatten sorgend und liebend zur Seite stehen, den Pflichten des christlichen Ehebettes nach bestem Vermögen nachkommen und ihre Kinder zu derselben trostlosen Lebenslangeweile erziehen. Klar und deutlich ist der Weg ihr vorgezeichnet, etwaige Freiheits- oder Lustbestrebungen werden rechtzeitig unterdrükt, wo sie aber dennoch die Oberhand behalten, wird das räudige Schaf bald möglichst aus der Gemeinde entfernt – zur Freude der Gottlosen, denen ein Sünder lieber ist wie 99 Gerechte.«
Soviel Klarsicht, das Verhältnis von Bourgeoisie und Weiblichkeit betreffend, war Franziska zu Reventlow nicht in den Schoß gefallen. Am 18. Mai 1871 in Husum als viertes Kind des Ludwig, Christian, Detlev, Friedrich, Grafen zu Reventlow und seiner Ehefrau Emilie, Julia, Anna, Luise geborene Reichsgräfin zu Rantzau geboren, wurde das Kind auf den Namen Fanny, Liane, Wilhelmine, Sofie, Auguste, Adrienne getauft. Der Vater verwaltete als preußischer Landrat den Kreis Husum, die Familie bewohnte in Husum ein Schloß –

eine hochherrschaftliche Kindheit, bewacht, behütet und eingezäunt von allen Seiten.
Das Privileg der Herkunft, das Schloß, das feudale Dekor ist Postkarten-Ansicht von außen, nicht mehr. Von innen gesehen, erlebte sich bereits das Kind zurückgesetzt und unverstanden. An einen ersten Jugend- und Seelenfreund schreibt die 19jährige:
»Es ist wohl nicht verborgen geblieben, daß ich mich zu Hause sehr schlecht stehe, besonders mit meiner Mutter. Sie kann mich nicht leiden, seit frühester Kindheit bin ich immer ein Stiefkind gewesen. Besonders ist sie in steter Angst, daß ich etwas tue, was sie nicht mögen ... Sie können sich denken, wie grausam schwer diese häuslichen Verhältnisse sind, wenn man sich nach Liebe sehnt und immer zurückgestoßen wird; ich habe früher meine Mutter leidenschaftlich geliebt und förmlich danach gelechzt, von ihr geliebt oder wenigstens freundlich wie die andern behandelt zu werden, aber allmählich hat sich das abgestumpft und erkaltet und es ist beinahe Krieg zwischen uns; sehr selten geht es gut miteinander und immer nur kurze Zeit.«
Und in einem anderen Brief, wenige Tage später, heißt es:
»Ich sündige sehr viel gegen meine Eltern; aber freilich haben Sie insofern recht, als ich das Gefühl habe, daß sie an meinem Leben schwer gesündigt haben; es hätte ein ganz anderes sein können; aber der Gedanke hat etwas so verzweifelndes, so gewissermaßen durch andere Schuld sein Leben zu verfehlen, ich möchte sagen zertreten lassen. Wenn ich nicht den maßlosen Leichtsinn besäße, so daß ich, so wie ich aus dem Bereich meiner Eltern, besonders meiner Mutter bin, alles in den Wind schlagen kann – dann müßte ich längst verrückt sein. Ich habe mir als Kind immer eingebildet, nicht das rechte Kind meiner Eltern zu sein –, weil ich nicht begreifen konnte, daß Mama mich so behandelte ...«
Ich zitiere diese Briefe, die von Kränkung und frühem Leid sprechen, deshalb so ausführlich, weil in ihnen das Bild einer

kalten und ablehnenden Mutter sehr deutlich wird; ein Erinnerungsbild, das wie ein roter Faden das Leben der Erwachsenen bestimmt; selbst dann noch, als sie mit der Familie längst gebrochen hat.
Die Kränkung durch die Mutter wird noch dadurch verstärkt, daß diese nicht alle Kinder gleich abweisend behandelt, sondern ihre vier Söhne »vergöttert« und bevorzugt.
Später übersetzt Franziska zu Reventlow die Verachtung des weiblichen Kindes durch die Mutter in Verachtung des eigenen Geschlechtes: Sie flieht zu den Männern, um den kränkenden Erinnerungen ihrer Kindheit zu entgehen. Der Vater bleibt in den Jugendbriefen und Erinnerungen abwesend und abweisend. Jedenfalls ist er nicht in der Lage, zwischen Mutter und Tochter zu vermitteln. In einem Brief der Tochter heißt es:
»Und mit meinem Vater kann ich absolut zu keinem Verständnis kommen, er kann ja auch nicht auf meiner Seite sein, dann würde es ja ganz toll. Sie können sich ja denken, wie schwer das ist. Alle Lebensfreude und Schwungkraft oder wie soll ichs nennen, wird erdrückt und ich atme auf, wenn ich die Haustür hinter mir habe.«
Die spätere Flucht der Franziska zu Reventlow, ihre Unfähigkeit, ans eigene Talent wirklich zu glauben, ihre gestörte Kreativität, die sie hinter der Maske des Leichtsinns verbirgt, erklärt sich zum großen Teil aus der sich nie mehr schließenden Wunde der Kindheit. Selbst ihre oft wahllosen und flüchtigen Abenteuer haben, vermute ich, ambivalenten Charakter. Neben dem Moment der Selbstbefreiung, neben dem Insistieren auf den eigenen erotischen Wünschen gibt es darin auch ein unbewußtes Moment der Rache. Diese Rache gilt einer Mutter, die bereits das Kind für »verdorben« hält und in steter Sorge lebt, die Tochter könne die Familie durch »Aufsässigkeit« und »Leichtsinn« kompromittieren. Im Sinn einer sich selbst erfüllenden Prophezeiung tut die Tochter später dann auch alles, um die Befürchtungen und Prognosen der Mutter zu bestätigen.

Dem Vater-Sohn-Konflikt, der die Literatur des 19. Jahrhunderts prägt, steht im Ausnahmefall der Franziska zu Reventlow ein Mutter-Tochter-Konflikt gegenüber, der ungelöst bleibt und keine Versöhnung zuläßt.
In dem autobiographischen Roman »Ellen Olesternje« wird die Mutter als Feindin, die die Tochter zu töten versucht, beschrieben:
»Mama! Seit sie denken konnte, fühlte Ellen sich wie verfolgt von ihr und warum? Warum bekamen Mamas Augen immer diesen sonderbaren bösen Blick und ihre Stimme den zornigen, fast pfeifenden Ton, wenn Ellen nur zur Tür hereinkam? War sie allein mit der Mutter im Zimmer, so wehte es sie eisig an, als ob jeden Augenblick etwas Furchtbares geschehen könnte, und nachts träumte sie manchmal, daß die Mutter mit der großen Schere hinter ihr herlief und sie umbringen wollte. Sie hatte sich ja beinahe daran gewöhnt, wie an ein Gebrechen, mit dem man geboren wird und weiß, daß es auf Lebzeiten nicht wieder abzuschütteln ist.«
Die Tochter führte ihre Demütigung und ihre Zurücksetzung den Brüdern gegenüber auf ihr Geschlecht zurück. Sie gewöhnt sich allmählich an den Gedanken, daß Mädchen »weniger wert« sind und » es graut ihr davor«, später »eine Frau werden zu müssen«. Das Kind wünscht sich verzweifelt, ein Junge zu sein und ein Dienstmädchen tröstet sie mit der Bemerkung: »Warte nur, bis du sechs Jahre alt bist, dann wirst du einer.«
Der sechste Geburtstag bringt ihr »die erste schwere Enttäuschung. Als sie aufwachte, wollte sie die Kleider von Erik anziehen, denn jetzt war sie doch ein Junge und wollte auch verzogen und bewundert werden. Aber sie wurde nur entsetzlich ausgelacht, selbst der Vater lachte mit, und dann erfuhr sie, daß sie immer ein Mädchen bleiben müßte. An dem Tag konnte Ellen sich über nichts mehr freuen.«
Später träumt sie davon, sich als Junge zu verkleiden, mit den Zigeunern wegzulaufen und »im grünen Wagen von Jahrmarkt zu Jahrmarkt zu ziehen«.

Dieses Fluchtbild verfolgt Franziska zu Reventlow ein Leben lang. Noch kurz vor ihrem Tod, im Alter von 47 Jahren, denkt sie allen Ernstes daran, mit einem chinesischen Artisten, einem Messerwerfer, eine Weltreise anzutreten und als lebende Zielscheibe seiner Kunststücke im Varieté aufzutreten.

Ihre Flucht aus der Enge der weiblichen Rolle und ihre Faszination durch männliche Abenteuer und Abenteurer bedeutet jedoch nicht, daß sie versucht, selbst ein Quasi-Mann zu werden. Maskuline Posen und Auftritte im Stil der George Sand liegen ihr fern. Franziska zu Reventlow spielt vielmehr für eine männliche Bohème die Rolle des weiblichen Ideals. Diese Rolle nämlich bringt ihr am ehesten jene Zuwendung ein, die sie in der Kindheit entbehren mußte.

Für die Frauenbewegung kann sie dagegen nie Verständnis aufbringen, obwohl sie viele jener Freiheiten für sich in Anspruch nimmt, die diese als allgemeines »Frauenrecht« versteht.

In den »Bewegungsdamen«, wie sie sie nennt, sieht sie lediglich geschlechtslos wirkende Wesen, die in »Lodenrock« und »Herrenweste« auftreten und auf ihren Versammlungen mit tiefer Stimme über »Das Weib« reden. Für die politischen Forderungen der Frauenbewegung ist sie blind. Hinter ihrer ironischen Distanzierung von jenen Frauen, die das fordern, was sie lebt, steht, vermute ich, die Erinnerung an die alles verbietende Mutter der Kindheit. Es gelingt ihr später nie, wie sie im Tagebuch einmal feststellt, ein weibliches Vorbild zu finden, oder sich auch nur mit anderen Frauen identifizieren zu können. Die schwierige Mischung aus feudaler Erziehung, konkreter Armut und gesellschaftlicher Heimat- und Klassenlosigkeit machen aus ihr keine Sozialrebellin und keine Emanzipierte, sondern eine Art Anarchistin; eine Abenteurerin, für die es nie mehr ein Zurück in die Gesellschaft gibt. Eine Rolle spielt zudem auch ein sehr konkretes Defizit. Im Gegensatz zu den »Emanzipierten« aus der bürgerlichen Mittelschicht fehlt es ihr völlig an formaler

Bildung. Zu ihrer hochherrschaftlichen Kindheit gehört eine vernachlässigte und verschlampte Ausbildung, die sie im Tagebuch als »Sünde« der Eltern an ihr bezeichnet. Während die Reventlow'schen Söhne sorgfältig aufs Studium vorbereitet werden und das Gymnasium besuchen, genügen für die Tochter einige Bildungsbrocken, die erwünscht sind, um Konversation zu machen und einen Mann zu finden. Franziska zu Reventlow ist später nie mehr in der Lage, das nachzuholen, was in der Kindheit an ihr versäumt wurde. Sie ist jedoch schon sehr früh dazu fähig, ihr Defizit und ihre Nicht-Erziehung zu durchschauen. Mit 19 Jahren schreibt sie an ihren Jugendfreund:

»Meiner Meinung nach würden durch eine gemeinsame Schulbildung und völlig zwanglosen Verkehr viel gesündere Verhältnisse entstehen; die jetzigen in der Gesellschaft sind doch durch und durch krank. Die weibliche Erziehung ist eben das Unsinnigste, was es gibt; ich kann Ihnen als Beispiel anführen, was ich an mir selbst erfahren habe. Ungefähr bis 14 Jahre durfte ich mit Catty (ihrem Bruder) und unseren gemeinsamen Freunden in allen Freistunden herumlaufen – das war ganz richtig und gut – dann hieß es auf einmal, nun bist du zu groß und mußt ein junges Mädchen werden; ich mußte also außer den Stunden in der Wohnstube sitzen, nähen und stricken. Natürlich wehrte ich mich mit Händen und Füßen, benutzte jede Gelegenheit wegzulaufen und es konnte eben kein Mensch mit mir fertig werden, die Lehrerin kündigte und ich wurde nach Altenburg geschickt, wo ich eben herausgeworfen wurde. Sie machen sich gar keinen Begriff, wie mit solch unglücklichen Backfischen zu Hause und in Pensionen verfahren wird, ihnen werden die unnötigsten, uninteressantesten Kenntnisse eingetrichtert, furchtbar viel Religion, Grammatik, Handarbeit und Klavier. Sie sollten gewaltsam in eine Schablone gepreßt werden; was dabei herauskommt, können sie an den durchschnitts jungen Frauen und Mädchen sehen, ungebildete bleichsüchtige spitzenklöppelnde, interessenlose Geschöpfe; die, wenn sie sich

verheirateten, in Haushalts- und Kindergeschichten aufgehen und ihrem Mann unmöglich etwas sein können, als eben seine Hausfrau – bleiben sie ledig, so entsteht aus ihnen die Sippe der unleidlichen alten Jungfern, über die sich alles lustig macht, deren Wirkungskreis in Kaffeeklatsch und Diaspora besteht . . .
Es liegt eben darin, daß man die Frau nicht als Selbst, nur als wesenloses Geschöpf betrachtet. Ist das nicht himmelschreiendes Unrecht? . . .
Wie schwer, ja fast unmöglich es ist, sich gegen dieses Schablonenverfahren zu wehren, sich selbst geistig zu erziehen und weiterzubilden, das können Sie sich denken; aber ich kann mich dem nicht fügen, das ist mir unmöglich.«
Die Kritik an ihrer Erziehung, die Franziska zu Reventlow in diesem Brief formuliert, steht bereits im Zeichen Ibsens. Nach dem Umzug der Familie nach Lübeck hat sie seine Stücke im Ibsen-Club der Stadt Lübeck kennengelernt und sich mit seinen Thesen über weibliche Emanzipation identifiziert. Aus der Sehnsucht Noras oder Hedda Gablers, einen eigenen Weg, einen Weg ins Freie zu finden, wird bei ihr der Wunsch, Malerei zu studieren. Die Eltern lehnen ab und gestatten der Minderjährigen lediglich, ein Lehrerinnen-Seminar in Lübeck zu besuchen. Die Tochter fügt sich und legt sogar das Examen ab, das zum Eintritt in den preußischen Staatsdienst berechtigt; den ungeliebten Beruf aber übt sie später nie aus.
Als die Eltern etwas von einer heimlichen Liebesaffäre mit einem älteren Mann erfahren, wird die Tochter zur »moralischen Besserung« ins Haus eines Pfarrers gegeben. Sobald sie volljährig ist, verläßt Franziska zu Reventlow das Pfarrhaus und geht zu Freunden nach Hamburg, die sie aus dem Ibsen-Club kennt.
Die Flucht vor der Familie und dem Pfarrhaus führt jedoch nicht ohne Umwege in die erträumte Freiheit Ibsen'scher Heldinnen. Zwar geht sie 1893 für einige Monate nach

München und schreibt sich an der Kunstakademie ein. Nach einer kurzen, enttäuschenden Liebesgeschichte kehrt sie jedoch nach Hamburg zurück und heiratet einen jungen Juristen, der Verständnis für ihre Berufswünsche hat. Im Tagebuch hebt Franziska zu Reventlow die weichen und »fast mütterlichen« Züge ihres Mannes hervor, der ihr jene Zuneigung entgegenbringt, die die Mutter verweigerte. Trotzdem bleibt die Hamburger Ehe die Episode eines Jahres. 1895 geht Franziska mit dem Einverständnis ihres Mannes zum zweitenmal nach München, um endlich ihren Jugendtraum zu verwirklichen und als Malerin etwas »Großes« zu leisten.
München ist in den neunziger Jahren nicht einfach ein privates Wunschbild, sondern tatsächlich ein europäisches Kunstzentrum. Und Schwabing ist nicht einfach ein Münchner Vorort, sondern, wie Franziska zu Reventlow später formuliert, ein »Weltvorort« und ein »Zustand«. Was in Schwabing diskutiert, gedacht und geschrieben wird, entspricht dem, was bei Nietzsche »die Umwertung aller Werte« heißt. Eine junge Generation von Künstlern, Literaten und Philosophen wendet sich gegen all das, was der Generation der Väter als gesicherter geistiger Besitz, als Wert gilt: Gegen das Christentum, gegen die bürgerliche Moral, gegen das Patriarchat und gegen den »Geist als Widersacher der Seele«, wie Ludwig Klages später sein Hauptwerk nennen wird.
In einem Kreis, der sich als »kosmische Runde« bezeichnet – zu ihm gehören Ludwig Klages, Stefan George, Karl Wolfskehl, und der Mythenforscher Alfred Schuler –, träumt man von einer »heidnischen Kolonie«, die mitten in München gegründet werden soll; vor allem aber träumt man von einer ganz anderen Gesellschaft und von der Umwertung aller Werte im Geiste Nietzsches.
Eine weitere philosophische Grundlage für die Phantasien der Kosmiker liefert ein Kultbuch der Zeit: nämlich die Untersuchung des schweizerischen Gelehrten Bachofen: »Das Mutterrecht«. Bachofen spekuliert im Mutterrecht über

eine frühe »tellurische« oder »hetärische« Stufe der Kultur, in der die Frau über den Mann herrscht. Das weibliche Geschlecht wird von ihm der Erde gleichgesetzt und jede Frau, die Mutter ist, ist zugleich: »der Urmutter Erde Stellvertreterin«.

Die hetärische Frau lebt allein, sie paart sich in »Sumpfzeugung« mit dem Mann und erzieht ihre Kinder ohne Vater und ohne Familie.

Vor allem Ludwig Klages knüpft an diese Vorstellung Bachofens an, wenn er von einem neuen Matriarchat träumt: Sein weibliches Ideal: die Hetäre, ist eine ins 19. Jahrhundert versetzte »heidnische Göttin«, eine Mischung zwischen femme fatale, Aspasia und Magna mater. Dieser irreale Hetärentraum wird der bürgerlichen Frau als neues, subversives Ideal entgegengesetzt. Was der Theorie allerdings fehlt, ist die reale Frau, die bereit ist, ins Kostüm der Hetäre zu schlüpfen und »dionysisch« zu leben. Vorläufig begnügt sich die kosmische Runde daher mit der Inszenierung von Kostümfesten, die als »Bacchanale« gelten. Der Männerbund tritt im antiken Kostüm, mit »Weinlaub im Haar«, auf und der Religionsphilosoph Alfred Schuler spielt die Rolle der Großen Mutter.

Als Franziska zu Reventlow 1894 zum zweitenmal nach München kommt, ist ihr der Hetärentraum der Kosmiker noch unbekannt. Sie verkehrt in den Maler-Cliquen Schwabings und stürzt sich in das, was sie im Tagebuch »Lebensrausch« und »Ekstase« nennt. Ihr ungeordnetes Leben von Augenblick zu Augenblick finanziert sie mit allen möglichen Gelegenheitsarbeiten; gelegentlich tritt sie sogar im Salon einer Madame X. in »geliehenen Glanzgewändern« und unter Pseudonym als Animierdame auf, um ihre desolate finanzielle Situation zu verbessern. Das Geld ist seit ihrer Flucht aus der Familie für sie ein Hauptproblem. Später schreibt sie sogar eine Novelle über die Schwierigkeiten, die sie mit ihrem »Geldkomplex« hat. Dieser »Geldkomplex« besteht darin, daß sie das wenige Geld, das sie mit Mühe verdient, sofort wieder ausgibt, ohne zu wissen, wo es bleibt. Es zerrinnt ihr tatsächlich zwischen den Händen und manchmal verstreut sie Geldstücke wahllos in ihrem Atelier in der Hoffnung, sie in Notzeiten wiederzufinden.

Im »Geldkomplex« führt Franziska zu Reventlow sogar alle Schwierigkeiten ihres Lebens auf ihre ökonomische Not zurück: »Ich war mein Leben lang allen menschlichen und seelischen Konflikten gewachsen, nur den wirtschaftlichen nicht. Weder glückliche noch unglückliche Lieben, weder Ehe noch Ehebruch, sondern ausschließlich Gläubiger, Hausherren und Lieferanten haben es dahin gebracht, mich psychisch zu zerrütten.«

In ihren ersten Münchener Jahren allerdings beschäftigten sie andere Turbulenzen als ihr chronisch gestörtes Verhältnis zum Geld. Sie versucht in wenigen Monaten, all das zu kompensieren, was sie in der Kindheit entbehren mußte: Nach einigen Monaten folgt auf den »Lebensrausch« eine schwere Krankheit, die sie zwingt, sich zurückzuziehen. Nach einem längeren Krankenhaus-Aufenthalt und einer lebensgefährlichen Operation verfällt sie aus der »Ekstase« in die Depression. Mit schlechtbezahlten Übersetzungen aus dem Französischen hält sie sich mühsam über Wasser. Als sie von ihrem Arzt erfährt, ein Kind zu erwarten, sieht sie darin kein Unglück, sondern die Erlösung aus einem Leben, das ihr sinnlos und ziellos erscheint. Sie vertuscht und verheimlicht nichts, sondern bringt den Sohn Rolf, die »Maus«, das »Göttertier« in aller Offenheit zur Welt. Den Namen des Vaters verschweigt sie: »Dieser Mann gehört nicht zu meinem Schicksal«, bemerkt sie; es handele sich dabei um einen »fremden Herrn«, der sich in ihr Verhältnis zum Kind nicht einzumischen habe. Das Kind befreit sie, wie sie im Tagebuch notiert, »vom Wahnsinn der völligen Einsamkeit«, es »muß das Sonnenkind werden, das ich nicht geworden bin, weil das ›Liebhaben‹ fehlte.«

Zugleich aber weiß sie, daß das uneheliche Kind endgültig den gesellschaftlichen »Bankrott bedeutet«. Der Hamburger

Ehemann, der die Scheidung eingereicht hat, weigert sich, seine Frau noch einmal zu einer letzten Aussprache zu treffen. Er schickt ein Telegramm, in dem steht: »Wiedersehen ausgeschlossen.« Die Ehe wird wegen »fortgesetzter Untreue« der Ehefrau geschieden. Eine Tagebuchnotiz Franziska zu Reventlows lautet:
»Ihr wißt alle nicht, was Liebe ist, seid alle hart. Es ist eine seltsame Wiederholung in meinem Leben, meine Mutter und Du. Und ihr wollt lieben können?«
Was an dieser Bemerkung aufschlußreich erscheint, ist die Gleichsetzung von Mutter und Ehemann; die Verschiebung der Kränkung durch die Mutter auf den Ehemann, den sie ja selbst auch gekränkt hat. Die Schwabinger Freunde jedoch bewundern ihren Mut zu einem Kind ohne Vater. Rilke zum Beispiel schickt der »Madonna mit dem Kinde« jeden Tag ein Gedicht. Sie selbst posiert ungeniert in Madonnenhaltung und im »weißen Schlafrock« beim Photographen, »um möglichst schöne Mutter zu sein«.
In den Tagebüchern aus dieser Zeit ist fast auf jeder Seite vom Glück mit dem Kinde und vom alltäglichen Elend die Rede. Sie führt einen ständigen Kleinkrieg mit den Vermietern und Gläubigern und versucht sich in allen möglichen Berufen. Als Malerin hat sie ebensowenig Erfolg wie als Schauspielerin oder als Pächterin eines Milchladens, der nach wenigen Tagen pleite geht. Was ihr bleibt, ist die Fronarbeit des Übersetzens, die nicht einmal das Existenzminimum sichert. Wenn es nicht anders geht, verkleidet sie sich als »Mädel aus der Vorstadt« und wirft in den Cafés und Bars »ihre Netze aus«.
Was ihr das unordentliche Leben erschwert, sind ständige Krankheiten und Symptome, die man heute als psychosomatisch bezeichnen würde: Migräne, Erschöpfung, depressive Zustände und nervöse Störungen. Auf die Krankheit führt sie auch zurück, daß es ihr unmöglich ist, »aus ihrem Leben etwas Großes zu machen!« Ihre eigentliche Krankheit aber heißt: Einsamkeit:
»Mein Gott, wie bin ich allein, selbst wenn ich einen Men-

schen noch so heiß liebe und nicht weiß, wie ich von ihm los soll. Hätte ich doch nur ein dickeres Fell, aber es ist schlimm bestellt mit dem meinen, zuviel verletzbare Stellen . . . Aber dann ist's doch immer wieder wie ein Strom von Leben, ich habe mein Kind. Und das will ich so fest an mir halten, ganz dicht muß es bei mir bleiben. Wir beide und tiefste Einsamkeit um uns her. Bei allen noch bekomme ich immer schließlich das Gefühl, ihr seid mir doch ganz fremd.«

Die Einsamkeit der Franziska zu Reventlow wird noch verstärkt durch ihre gelegentlichen Anfälle von Sehnsucht nach einem Märchenprinzen. Sie träumt »von einem Messias, der immer noch nicht gekommen ist«, wie es im Tagebuch heißt.

Monsieur oder Monsieur X., ein Münchener Rechtsanwalt, der die heimliche Geliebte in der Öffentlichkeit verleugnet, spielt diese Rolle nur unvollkommen. Im Tagebuch bemerkt sie:

»Sonderbar, wie demütig ich vor diesem Mann bin, es rührt und freut mich jedes gute Wort – wenn ich nur dürfte, ich wollte ihn überschütten mit Liebe.«

Die Hoffnung auf den Märchenprinzen paßt schlecht ins Bild der Frau, die freiwillig auf bürgerliche Bindungen verzichtet. Wie es scheint, fühlt sich Franziska zu Reventlow von »Monsieur« gerade daher angezogen, weil sie weiß, daß er sie nicht liebt und von ihr keine feste Bindung erwartet.

Statt des Messias, der sich nie mehr einstellen wird, lernt sie einen Mann kennen, mit dem sie glaubt, »fliegen zu können«: Ludwig Klages. Klages erkennt in Franziska zu Reventlow auf Anhieb die Wunschfrau seiner Philosophie, die Hetäre. Er feiert sie als »heidnische Heilige« und bewundert ihren »Hetären-Sprößling«, für den er eine Art Vormundschaft übernimmt. Und sie schlüpft in das antikisierende philosophische Kostüm, das er ihr auf den Leib zu schneidern sucht. Die Pose der Traumfrau allerdings kostet ihren psychischen Preis. Die Frau, die sich die Projektion zu eigen macht, die nicht der konkreten Frau gilt, sondern einem männlichen

Mythos, muß auf all das verzichten, was nicht ins vorgegebene Bild paßt. Sie muß zum Beispiel erneut und diesmal bewußt darauf verzichten, den eigenen Jugendtraum wahr zu machen. Der uneingelöste Wunsch, Malerin zu werden, kann nicht allein mit dem Hinweis abgetan werden, das Talent habe eben nicht ausgereicht. Auch bei vielen jener Männer, die sich um 1900 im München treffen, gehen Wunsch und Talent nicht zusammen; trotzdem führen Mißerfolge nicht zur Entmutigung oder zur Resignation. Alle diese Männer haben neben der internalisierten und selbstverständlichen Vorstellung von Kreativität und Kunst ihre Vorbilder und Leitfiguren. Der Omnipotenztraum oder auch der »Größenwahn« des männlichen Künstlers hat neben allen narzißtischen Zügen auch therapeutische, stimulierende Funktion.
Der Frau jedoch, die versucht, den Traum von der Kunst für sich zu realisieren, stehen derartige psychische Krücken, derartige Orientierungsmuster nicht zur Verfügung. Sie ist immer schon in der Defensive, steht immer schon im Verdacht des Dilettantismus oder der Imitation. Übernimmt sie zudem noch, wie Franziska zu Reventlow, die hochstilisierte Rolle, die die männliche Umwelt ihr anträgt, ist der Traum endgültig ausgeträumt. Die Hetäre der Jahrhundertwende ist als Muse, Gesprächspartnerin und Geliebte definiert, als Antithese vor allem zur bürgerlichen Ehefrau. Untersagt ist ihr, mit dem Mann auf jenen Gebieten zu rivalisieren, die er für sich reserviert hat.
Franziska zu Reventlow wendet eine Art Vermeidungsstrategie an. Sie verleugnet den Kindheitstraum und macht sich zur Sprecherin jener Kulturphilosophie, die der Frau die Rolle der Muse zuordnet, ihr aber jede eigene Kreativität abspricht. In einem Manifest aus dem Jahr 1899, das sich gegen die Frauenemanzipation wendet, erklärt sie:
»Das einzige künstlerische Gebiet, wo die Frau wirklich Gleichwertiges mit dem Mann leistet, ist jedenfalls die Bühne – der eklatanteste Beweis, daß sie nur da etwas zu sein und zu leisten vermag, wo sie ihrem Geschlecht und ihrer aus

demselben hevorgehenden Veranlagung keinen Zwang aufzuerlegen braucht. Und das ist von allen Künsten nur bei der dramatischen der Fall; das Material, mit dem sie hier zu arbeiten hat, ist sie selbst, ihr eigener Körper, ihre Stimme, ihre Bewegungen, und der Mann ist hier nicht der Konkurrent, mit dem sie ihre Kräfte messen soll, sondern wie im Leben der Partner, der Mitspielende. Und ferner, was von großer Bedeutung ist, die Schauspielerei ist keine eigentlich produktive Kunst, es handelt sich nur um die Auffassung, daß Sich-hineinleben, Nachempfinden. Wir haben große Schauspielerinnen und große Tänzerinnen, aber keinen bedeutenden weiblichen Komponisten oder Dramatiker.
Alles das zeigt uns so deutlich, daß die Natur sich nicht dreinreden läßt. Und wo man ihr dennoch dreinredet, da rächt sie sich. Was kommt denn dabei heraus, wenn man es wirklich durch Gewohnheit und Training dahinbringt, daß es im nächsten Jahrhundert Frauen gibt, die ebensoschwere Lasten heben oder (Pardon, messieurs!) ebensoviel Ballast im Gehirn herumschleppen wie mancher hochgelehrte Mann? Daß die Frau selbst nichts von ihrem Leben hat, daß die Gaben des Genußes, die die Natur in sie gelegt hat, ungenoßen verkümmern, daß sie für den Mann allen Reiz verliert und die Welt immer langweiliger und geschlechtsloser wird?«
Es ist nicht ganz ohne Ironie, daß gerade Klages, der philosophierende Bewunderer weiblicher Promiskuität, versucht, Ordnung in das Leben seiner Freundin zu bringen. Er ermutigt Franziska dazu, ihren autobiographischen Roman »Ellen Olesternje« zu schreiben, der 1904 in München erscheint und auf Anhieb Erfolg hat.
Franziska zu Reventlow sieht in Klages die große Liebe ihres Lebens: den einen Ausnahmemann, der mit ihren vielen »Begleitdoggen« und »Bubis« nichts zu tun hat. Sie schlüpft ihm zuliebe ins Kostüm der Hetäre und tanzt mit »Sirenenaugen« durch die Schwabinger Feste; allerdings tritt sie lieber im Knabenkostüm eines Hermaphroditen auf, als in der weibli-

chen Verkleidung der Erdmutter, die der Philosoph Alfred Schuler für sich reklamiert. Trotz aller Faszination durch Ludwig Klages wehrt sie sich entschieden gegen seine Ansprüche, »den Retter zu spielen« und als »Oberkontrolleur« ihres Lebens aufzutreten.

In ihrer Streitschrift wider die Frauenemanzipation – sie hat den Titel »Sind es Jungfrauen oder Viragines« – bemerkt Franziska zu Reventlow in einer fast masochistischen Projektion:

»Die geschlechtliche Attake ist die Urleistung des Mannes, die nur er auszuüben vermag und von der aus sich sein ganzes Wesen und seine ganze Stellung in der Welt gebildet und entwikelt hat. – Das Weib erwartet, verlangt sie, gibt sich ihr hin. Das ist seine Funktion. Und warum soll in dieser äußerlich passiven Rolle etwas Erniedrigendes liegen? Für diejenigen Frauen, die der Psychiater als natura frigida bezeichnet, mag es ja sein. Gut, so sollen sie es eben bleiben laßen. Aber für jedes, wahrhaft erotisch empfindende Weib liegt gerade ein unendlich feiner Reiz darin, den stärkeren Gegner im Liebeskampf anzureizen, zu versuchen und sich ihm dann in selbstvergeßnem Rausch zu schenken. Und sie wird im entscheidenden Augenblik durchaus nicht das Gefühl einer Niederlage haben – im Gegenteil, die Bejahung des Lebens ist immer ein Siegesgefühl.«

Wir haben vorhin gesagt, daß das Wesen und die Stellung des Mannes im Großen und Ganzen durch diese eine Urleistung bestimmt wird. Alle Angriffspositionen und Angriffsberufe haben von jeher ihm zugehört, Soldat, Preiskämpfer, Polemiker ec. Es heißt nicht umsonst im Sprichwort: ›den Mann stellen‹. Es wird niemand in den Sinn kommen, statt deßen zu sagen: ›das Weib stellen‹, oder ›den Menschen stellen‹.« Und weiter heißt es in derselben Schrift: »Der Mann hat die Stellung die ihm von Naturwegen zukomt, er ist überall der Herschende, Angreifende, in allen Lebenslagen, in allen Berufen. Er hat sozusagen das Element, und die Möglichkeit, in dasselbe zu gelangen, ist gegeben. Er kann leichter zu seinem Recht als Mann und als Mensch kommen wie die Frau zu ihrem Recht. Sie ist nicht zur Arbeit, nicht für die schweren Dinge der Welt geschaffen, sondern zur Leichtigkeit, zur Freude, zur Schönheit – ein Luxusobjekt in des Wortes schönster Bedeutung, ein beseeltes, lebendes, selbstempfindendes Luxusobjekt, das Schutz, Pflege und günstige Lebensbedingungen braucht, um ganz das sein zu können, was es eben sein kann. Für den harten Kampf mit dem Dasein sind wir nicht gemacht, das weiß auch jede Frau, die durch die Verhältniße zu solchem Kampf gezwungen ist. Sie leidet darunter, weil sie fühlt, daß es gegen ihre Natur ist. Wenn wir die kurze Zeit des Lebens damit ausfüllen, Männer zu lieben, Kinder zu bauen und an allen leichten erfreulichen Dingen der Welt teilzunehmen, so haben wir genug getan, und dafür, daß wir unsere Kraft und unsren Körper den Männern und Kindern geben, verdienen wir, daß man uns das Leben äußerlich so leicht gestaltet wie nur möglich. Wir sind dazu da, es gut zu haben und uns nicht plagen zu müssen.«

Eine derartige Polemik wäre nicht weiter bemerkenswert, wäre ihr Verfasser ein Mann oder eine Frau, die jenes Leben führte, das hier zum Ideal stilisiert wird. Das Paradox dieser Apologie des Müßiggangs aber liegt darin, daß die Verfasserin es vorzieht, in Armut und Freiheit zu leben, statt das abhängige Leben eines Luxusobjekts zu führen.

Die Differenz zwischen Theorie und Lebenspraxis zeigt etwas von den Widersprüchen, die mit der Traumrolle der Hetäre verbunden sind. Der Widerspruch ist nicht einfach mit dem Etikett »Antifeminismus« abzutun, sondern hat, neben aller Frauenverachtung und Selbstentwertung, auch mit dem Dilemma einer Fluchtbewegung zu tun, deren Ziel der Fliehenden unbekannt ist.

Sie hat zu tun mit dem Mangel an Vorbildern und mit dem labilen Selbstwertgefühl der Außenseiterin.

Franziska zu Reventlow, die ihr Privileg, das Privileg der Herkunft, stets nur negativ als Verhinderung, Verzögerung und Begrenzung empfand, brachte es ein Leben lang nicht fertig, an sich selbst und an die eigenen Fähigkeiten zu glauben. Anstatt über den Schatten der imaginierten Inferiorität zu springen, begnügte sie sich sehr lange mit der dienenden, weiblichen Arbeit des schlechtbezahlten Übersetzens.

Anderes zu tun, das heißt zum Beispiel, selbst zu schreiben, traute sie sich erst später zu. Die Tagebücher, in denen sie sich direkt und spontan über die eigene Existenz äußert, entsprachen der akzeptierten weiblichen Form, sich literarisch zu äußern. Schon immer hatten Frauen sich in diesen Zwischenformen eher zu äußern gewagt, als in den dem Mann vorbehaltenen Formen des »geschlossenen« Kunstwerks.

Klages wiederum kann die Unordnung und Promiskuität, die er in der Theorie verehrt, in der Praxis nur schwer ertragen. Er erwartet, daß die Hetäre seinetwegen ihr Leben ändert; sie jedoch besteht, konsequenter als er, darauf, daß er sie so akzeptiert, wie sie ist.

Trotz aller Schwierigkeiten und Mißverständnisse bemerkt Franziska zu Reventlow immer wieder, Klages sei der einzige Mann, der sie verstehe und mit dem sie sich nicht einsam fühle.

Er wiederum beschreibt in seiner Erinnerung die Empirie der »heidnischen Göttin« weit differenzierter, als der Hetärentraum vermuten läßt. Über eine gemeinsame Reise bemerkt er zum Beispiel:

»Am 14. August war ich mit Fanny wieder einige Tage in Wildenroth. Es kam unter anderem zu dithyrambischen Gesprächen und ich fühlte: die Welt, die ich in Franziska verkörpert sehe, liegt in ihr wie eine versunkene Vineta: nur magische Macht des Wortes kann die vergessenen Schätze heben. Ich fühlte: alles ist vorhanden, aber wie hinter eisernen Gittern verborgen, die ich sprengen muß. Die Geliebte lauschte hingerissen; und doch kam sie mir vor wie eine in jenen Käfig gesperrte Seele; ich rüttelte an den Stäben, ich konnte sie nicht zerbrechen. Sie horchte, ahnte, sehnte sich, aber sie fand nicht den Ausweg aus dem Kerker, den eine schlimme Jugend, verworrene Fahrten, irrende Abenteuer geschmiedet hatten. Das wiederholte sich in der Folge viele Male. Sie durfte lieben, welchen Mann und wieviele sie wollte. Eifersuchtsregungen haben nur selten und flüchtig mich angerührt, aber die Elementarseele in ihr, die sollte mit mir sein im selben Feuerkreis. Ich spürte, daß sie draußen blieb.«

1903 endet die Beziehung zwischen Klages und Franziska zu Reventlow in Ernüchterung und Desillusion.

Nach dem endgültigen Bruch notiert sie am 1. November 1903 im Tagebuch: »Mein Gott, was ist Klages eigentlich? Am Ende doch nur ein Mensch mit Größenwahnsinn und Ichsucht und einem wundervollen Verstand, der uns alle hingerissen hat.«

Bei einem Freund, dem Schriftsteller Theodor Lessing, mokiert sie sich darüber, daß Klages versucht habe, sie zu »übermächtigen« und »zu beherrschen«.

Die Trennung von Ludwig Klages aber bedeutet für Franziska zu Reventlow mehr als nur das Ende einer Affäre: sie bedeutet zugleich auch die eigene Demaskierung. Zwar führt sie ihr gewohntes Leben weiter, die Hetärenrolle jedoch gibt sie für immer auf. Sie begnügt sich nicht mehr damit, die Freundin bedeutender Männer zu spielen, sondern entdeckt und akzeptiert jetzt ihre eigentliche Begabung: eine Begabung, die sie zuvor unterdrückt hat; vorgebend, schreibende Frauen seien ihr »ein Greuel«.

Franziska zu Reventlow entwickelt sich zu einer Journalistin und Schriftstellerin, deren Wortwitz und Ironie mehr mit Heine und Tucholsky zu tun hat, als mit dem Pathos der Kosmiker. In einem von ihr herausgegebenen Blatt, dem »Schwabinger Beobachter« entlarvt sie die Träume der »kosmischen Runde« als überhitzte Männerphantasien. Schwabing wird als »kosmische Wiese« oder als »Wahnmoching« bezeichnet und Stefan George, der »Meister«, wird zum »Weihenstefan«.

Über die Satire hinaus distanziert sich Franziska zu Reventlow mit großer Schärfe von den antisemitischen Tendenzen der Kosmiker, die sie nur noch die »Enormen« nennt. Die weibliche Außenseiterin entwickelt einen überraschend genauen Blick für die Mythensucht und die gefährlichen arischen Träume ihrer Umwelt. Ihr Spott gilt nie nur der Person und ihren Bizarrerien, sondern vor allem einer »Weltanschauung«, die von naiven Hetärenträumen sehr schnell zu Blut- und Bodenmythen führt. Sie distanziert sich entschieden von der »Tarzanphilosophie« (wie Ernst Bloch sie nennt), in der sie zu Anfang individuelle Befreiung und kulturelle Revolution sah.

Mit ihrer Selbstveränderung, mit der Verweigerung der Hetärenpose, verändert sich auch ihre Umwelt. Die »Enormen« weichen jüdischen Gelehrten und Schriftsteller, die im Ruf stehen, Asphaltliteraten, Anarchisten und Intellektuelle zu sein. Franziska zu Reventlow, die nach wie vor behauptet, von Politik nichts zu verstehen, entscheidet sich gegen das »Syndikat der Seelen« und für den Geist als Widersacher der Seele.

Die meisten ihrer neuen Freunde gehen später in die Emigration oder sterben im Konzentrationslager. Franziska zu Reventlow aber verläßt Deutschland bereits im Jahre 1909. Allerdings nicht aus politischen Gründen, sondern um ihre Finanzen zu sanieren. Einer ihrer Freunde, der Schriftsteller Erich Mühsam, überredet sie dazu, eine Scheinehe mit einem baltischen Baron einzugehen. Der falsche Bräutigam gilt als »Original«, lebt in Ascona und muß seiner Familie eine standesgemäße Frau präsentieren, um sein Erbe antreten zu können. Der »finanzielle Coup« scheint zu gelingen; Franziska zu Reventlow bekommt ihren Anteil und verhält sich zum ersten Mal in ihrem Leben »vernünftig«: Sie legt das Geld auf einer Bank an. Nur macht diesmal die Bank »bankrott«, und sie sieht ihr erschwindeltes Geld nie wieder. Sie erträgt den Verlust mit Fassung und schreibt die Novelle »Der Geldkomplex«. Ein Angebot des Psychoanalytikers Otto Groß, sie » auf der Couch« von ihrem »Komplex« zu heilen, lehnt sie ab. Sie hilft sich selbst und schreibt in rascher Folge Romane und Erzählungen, in denen sie ihre Schwabinger Abenteuer und die vergangenen Hetärenträume mit ironischer Distanz beschreibt: Sie bereut nichts und nimmt nichts zurück, sie klagt weder sich noch andere an, erliegt aber auch nie der Versuchung, ihre Jugend zur Idylle zu verklären.

Die Schriftstellerin Franziska zu Reventlow hat zwar in den zehner Jahren Erfolg, gerät aber rasch in Vergessenheit, als ihre Romane in den dreißiger Jahren nicht mehr aufgelegt werden dürfen.

1918 stirbt sie – 47 Jahre alt – an den Folgen einer Operation in einem Dorf bei Ascona, nur wenige Freunde und ihr Sohn sind bei ihr.

Eine weibliche Sprache, eine weibliche Erfahrung?

»Das Weib als vorgebliches Naturwesen ist Produkt der Geschichte, die es denaturiert.«

Max Horkheimer und
Theodor W. Adorno in:
Dialektik der Aufklärung

»Die Frau spricht gar nicht mehr ausschließlich in eigener Sache. Sie steht als geteiltes Kosmos gegen den kosmoszerstörenden Mann.
Die Männlichkeit wird erfahren als das absolut andere. Der Verschmelzungsakt, den die Spielregeln vorschreiben, findet nicht statt. Bisher kannten wir nur das Verdautwerden der Geliebten durch den liebenden Mann. Manchmal blieb von ihr etwas übrig, das ein Kind kriegte, das es/ihn/sich tötete oder alle drei zugleich oder keinen von dreien, und alle blieben am Leben. Der Mann war der Schwängerer und der Geschwängerte. In seinem Bauch fanden wir uns alle vor. Nun, nachdem viele Häute heruntergerissen sind, steht die autonome Frau dem großen Gatten gegenüber. Er schrumpft zusammen. Er wird so klein, daß er nicht mehr das Spiegelbild verstellen kann. Das Spiegelbild ist eine Frau, eine andere Frau. Die Frau, die im Geschlechtsakt nicht aufgezehrt worden ist, entdeckt andere Frauen. Im Schatten des Mannes glaubt jede Frau, sie sei mit ihren Fragen allein. Sie tritt aus dem Schatten und erfährt: wir haben alle dieselben Fragen. Manchmal wissen wir auch schon eine Antwort.«
Dieser Kommentar der Schriftstellerin Christa Reinig gilt einer Autobiographie aus den 70er Jahren, die auf Anhieb zum Kultbuch der neuen Frauenbewegung in der Bundesrepublik wurde. Es geht um Verena Stefans »Häutungen«, um »Gedichte, Träume, Analysen«, wie das Buch im Untertitel heißt.

»Häutungen«, 1976 in dem damals noch fast unbekannten Verlag »Frauenoffensive« erschienen, wäre ohne die Diskussion, die Anfang der 70er Jahre in den ersten Frauengruppen und -zentren begann, so wohl nie geschrieben worden. Der Prozeß der Veränderung, um den es in diesen autobiographischen Aufzeichnungen geht, steht in direkter Beziehung zu den Selbstversuchen der Frauenbewegung. Auf der anderen Seite aber haben Verena Stefans Aufzeichnungen diese Diskussion auch in wichtigen Momenten bestimmt und einige Argumente erst festgeschrieben. Christa Reinig sieht in »Häutungen« über alles Persönliche hinaus das Manifest einer allgemeinen Erfahrung:
»Weibliches Denken leitet sich aus der Erfahrung der Körperlichkeit ab. Keine Frau, die nicht einmal eine empfindliche Kränkung erfahren hat, keine, die nicht vor dem Fakt zusammenbrach, daß sie den Beleidiger nicht strafen konnte. Die Haut der Verträglichkeit bei Frauen ist dünn. Darunter spürt auch der dickfelligste Mann ein ungestilltes Racheverlangen. Die weibliche Liebe ist unteilbar, so unteilbar wie die Freiheit der Frauen. Wir alle werden frei sein oder keine.«
Soweit Christa Reinigs apologetische These. Um welche konkrete »Erfahrung der Körperlichkeit«, um was für ein »Weibliches Denken« aber geht es in ›Häutungen‹. Verena Stefan bemerkt im Vorwort:
»Beim schreiben bin ich auf die sprache gestoßen. das klingt seltsam, doch es ist erstaunlich, wieviele leute schreiben können, ohne mit der sprache selber in berührung zu kommen. in dem vorliegenden text konnte ich noch nicht jedes wort drehen und wenden, ich musste erst den weg dazu freilegen, indem ich einen bruchteil meiner geschichte abgearbeitet habe. jetzt kann ich anfangen, systematisch über sexismus in der sprache, über eine weibliche sprache, eine weibliche literatur zu arbeiten und genauer über das leben unter frauen berichten.«
Viele der Selbstreflexionen über die weibliche Rolle, die in »Häutungen« mitgeteilt werden, erscheinen heute selbstver-

ständlich. Selbstverständlich ist jedenfalls, daß schreibende Frauen ihr Unbehagen an der männlichen Kultur offen aussprechen. Diese Erfahrung ist literaturfähig geworden; sie gehört zum Konsens über die zentralen Inhalte und Motive der neuen Frauenliteratur. Und sie gehört sogar so sehr zum Konsens, daß die Erfahrung, die Verena Stefan mit Anstrengung zu formulieren versucht, längst zum gesicherten Besitz jener Epigoninnen geworden ist, die sich unter dem Etikett »Feminismus« auf eine Literatur der selbstgenügsamen Empfindsamkeiten und Larmoyanz zurückgezogen haben.
Was »Häutungen« zu einem Identifikationstext werden ließ, war weniger der Versuch, in einer neuen weiblichen Sprache zu schreiben, als vielmehr die Offenlegung von Erfahrungen, die in den fünfziger und sechziger Jahren aus der Literatur verdrängt und ausgeblendet waren. In der von Frauen geschriebenen Literatur aus dieser Zeit gibt es so gut wie keine Prosatexte, Gedichte oder Romane, die sich explizit mit dem eigenen Geschlecht im Zusammenhang von Herrschaft und Unterdrückung auseinandersetzen. Als spezifisch weiblich galt »damals« nach 1945 allenfalls ein liebendes und leidendes, weiblich-lyrisches Ich; das Seelenghetto also, das zur Tradition weiblichen Schreibens und männlicher Erwartung gehört. Die Autorin der »Häutungen« dagegen versucht sich selbst im Prozeß des Schreibens darüber aufzuklären, woher ihr eigenes chronisches Unbehagen, ihr unglückliches Bewußtsein eigentlich kommt. Sie begnügt sich nicht mit dem Hinweis auf eine a priori gesteigerte weibliche Empfindsamkeit, sondern versucht, ihr gesellschaftliches Umfeld und die eigene Rolle in einer von Männern bestimmten Wirklichkeit so in den Blick zu bekommen, daß daraus die Veränderung des Selbst folgt oder zumindest folgen kann. Das Ich, das sich erinnert, erinnert sich an eine »normale« Kindheit und Jugend. Es erinnert sich vor allem an die allmähliche Einübung in die Rituale der weiblichen Rolle: »obwohl ich zeitweilig ein gefühl dafür bekam, daß ich meinen körper rundum bewohnen konnte, wurde ich doch stückweise dar-

aus ausquartiert. der stolz auf den ersten büstenhalter, den ersten hüftgürtel und den ersten lippenstift! anleitungsriten und vorbilder rückten von allen seiten an mich heran.«
Daß es nicht gelingt, bruchlos und ohne Schwierigkeiten in die erwünschte und zuerst auch akzeptierte Rolle zu schlüpfen, führt das Ich auf die realen oder imaginierten Mängel des eigenen Körpers zurück. Alle Demütigungen, die dieses Ich im Berlin der sechziger Jahre erfährt, werden am Körperbild festgemacht. Er, der Körper, hat in der Projektion der Autorin all das auszubaden, was der Psyche angetan wird, genauer, er ist »schuld« am brüchigen Selbstwertgefühl, »schuld« an der permanenten Ich-Schwäche der Frau, die diesen Körper bewohnt:
»Irgendwie hing das alles mit meinem körper zusammen. dieser war auch kompliziert. ich schleppte leblose teile an ihm herum. er entsprach nicht den vorschriften. er sah nicht jugendlich aus. er hatte keine gute figur.
Mein körper kam mir alt vor; altertümlich in seinen formen. ich verkroch mich in weite, dunkle pullover und röcke. in meinen tagträumen war ich stets ›gut gebaut‹, schmal, flach und passte problemlos in konfektionsgrößen hinein . . .
Ich kannte menschen, die mein körper bewusst sein schulten. ich versuchte, meine füsse mit ganzer sohle auf dem boden aufzusetzen und von den haarwurzeln bis in die zehenkuppen hinein zu atmen, in jedem augen blick des lebens voll da zu sein, nicht in gedanken bereits beim folgenden, nicht im eilen von einem augen blick zum anderen lebend, sondern: hier und jetzt.«
Der unbefriedigte Narzißmus, das labile Selbstwertgefühl werden zur Funktion des Körperbildes erklärt; genauer zur Funktion jenes Bildes, das sich das Ich von seiner Erscheinung macht. Ein Ergebnis dieses Selbst-Bildes ist, daß die Ich-Erzählerin, um eine Formulierung der Psychoanalytikerin Belà Gruneberger zu zitieren, zu einer »chronisch schlechten Liebhaberin ihrer selbst« wird. Belà Gruneberger sieht in diesem unbefriedigt bleibenden Narzißmus, in der

»narzißtischen Wunde«, das notwendige und allgemeine Resultat einer Erziehung zur Weiblichkeit, die sich durch Widersprüche, durch Ambivalenz und durch frühe Entwertung auszeichnet. In der Sicht Verena Stefans wird diese These verifiziert, und ins Konkrete übersetzt, zugleich jedoch wird der Körper zur Ursache des weiblichen Unglücks. Verachtet wird dieser Körper weniger von Männern als vielmehr von der Frau selbst, die sich den männlichen Blick zu eigen gemacht hat. Die Scham, die das eigene Körperbild auslöst, hat nichts mehr mit der Prüderie der bürgerlichen Frau zu tun. Diese andere, neuere weibliche Scham hängt vielmehr mit dem fast zwanghaften Bedürfnis zusammen, sich selbst ständig mit den Cover-Girls und Mannequins, die das ästhetische Ideal der Zeit repräsentieren, zu vergleichen. Wenn schon eine Frau, dann wenigstens eine perfekte Frau, so könnte die unbewußte Botschaft lauten, mit der das Ich sich identifiziert. Das Ich fühlt sich ungeliebt, weil sein Körper nicht schön im Sinn der Norm ist. Ergebnis dieser Scham ist Empfindungslosigkeit; eine Frigidität, die nicht mehr aus einem Verbot, dem Sexualtabu von einst herrührt, sondern aus dem Gefühl des Mangels:
Der Umkehrschluß liegt nahe: wäre der Körper so wie er männlichen Normen entsprechend sein sollte, so würde auch das weibliche Ich, das dazu verurteilt ist, in diesem Körper zu leben, geliebt. Also ist der Körper am Fehlen der narzißtischen Bestätigung schuld. Er rächt sich für die Verachtung, die er erfährt, durch die Verweigerung von lustvollen erotischen Empfindungen. Das Fatale an dieser Verschiebung der Scham vom Seelenbild aufs Körperbild ist, daß bereits die geringste Abweichung vom perfekten Körper à la mode als Schuld und als Versagen empfunden wird.
Das Ich reagiert auf die Empfindung körperlicher Unzulänglichkeit zuerst durchaus konventionell: es versucht, das Gefühl des Defizits durch die Rituale der Unterwerfung und des sich Kleinmachens zu kompensieren.

»Ich lächelte ununterbrochen, geheimnisvoll lächelnd in der welt um asyl bittend, bittenden auges die zulassung zu erfragen, mit leiser stimme wohlklingend unterwürfig. unterlasse ich das lächeln und schaue einen mann, der mich belästigt, zornig an oder werde handgreiflich, so bin ich ›zickig‹, ›unverschämt‹ – und gefährdet.«
Allerdings vollzieht sich das Ritual, die Maskerade lindernder und heilender Weiblichkeit, die »stets eine leichte Hand übrig hatte für die sorgenbeladene bekümmerte Stirn eines Mannes«, nicht mehr ganz nach dem altgewohnten Muster. Bedeutete dies nämlich Mythisierung und Idealisierung des Mannes, so hat Verena Stefan den Erlösungstraum längst ausgeträumt. Der Märchenprinz und Messias ist verschwunden; das einst so glanzvolle Bild des Mannes ist in den Augen der Frau längst schäbig geworden. Die Hoffnung der Nora Helmer auf das »Wunderbare«, ihre Utopie des endlichen Verstehens zwischen Mann und Frau, weicht der nüchternen Einsicht in den Warencharakter der Sexualität. Der Koitus wird definiert als »Tribut für Sicherheit, Geborgenheit und gesellschaftliche Anerkennung«. Nachdem die Aura einer alle Konflikte lösenden und die Frau erlösenden Männlichkeit, sich aufgelöst hat, bleibt für den realen Mann nur die pragmatische Funktion des »Mittelsmanns« und Beschützers übrig.
»eine frau allein kann kaum überleben, wenn sie sich nicht verleugnen will. unter der schirm herrschaft eines einzelnen mannes kann sie die bedrohlichkeit der anderen für die dauer der schirm herrschaft vergessen ...
Einen mittelsmann zur welt haben. je verwegener und unnahbarer er war, desto stärker wob ich die komplizenschaft, umso mehr glaubte ich, einen hauch von »freiheit und abenteuer« zu schnuppern. doch er bestimmte, wann ich mit ihm hinausgehen durfte, er öffnete und schloss die türen zur welt. ich lehnte am fensterkreuz und wartete auf die rückkehr des abgekämpften, einsamen helden. ob müde vom dienst,

von der gewerkschaftssitzung, vom fussball, vom denken oder braungebrannt aus dem urlaub: ich nahm ihn auf, ich pflegte und stärkte ihn.
angefüllt mit inneren werten, schicht für schicht. stumm und sinnlich, einfühlsam und verständnisvoll.«
Die nächste Phase der Begegnung mit der Welt der Männer ist Resignation und fortschreitende Apathie:
»Je weiter ich in die welt vorgedrungen war, je älter ich wurde, desto mehr verlor ich mich. neugierde und unternehmungslust waren eingedellt. ich bewegte mich ängstlicher als früher, abgezirkelter. die zusammenstösse und erfahrungen mit dem leben draussen machten sich in mir breit und versuchten, mich auseinander zu treiben. es waren die jahre, in denen ich gleichzeitig weitere zerstörungen auf mich häufte und ungesehen mehr und mehr von mir selber speicherte.«
Das Gefühl, draußen zu stehen und keinen richtigen Platz in der Welt zu haben, bedeutet zugleich Selbstbezichtigung und zunehmende narzißtische Verstörung. »Ich selber liebte mich weniger als früher«, heißt es jetzt. Das Bild eines weiblichen Lebenslaufes in absteigender Linie fängt erst in dem Moment an sich zu verändern, als das Ich beschließt, nicht mehr mitzuspielen, sondern den »Entzug« zu üben.
»Meine abnabelung dauerte lang.
Das paargerüst erwies sich als ungeheur, als stabiles, widerstandsfähiges ungetüm. ich wollte die sucht, teil eines paares zu sein, ausmerzen. das hiess über den eigenen schatten springen, in eine andere haut schlüpfen. sich erst von der alten haut trennen, von allein löste sie sich nicht.
Die prägung scheint unverwischbar, den kampf dagegen aufzunehmen bedeutet, die gehirnwäsche rückgängig zu machen.
Einen entzug auf sich nehmen.«
Durch Rückzug und Distanz wird ein erstes Atemholen möglich, das für eine Frau, die stets unter Männern gelebt hat, notwendig erscheint, um zu sich selbst zu kommen. Der Mann, der Genosse, der Freund ist nicht bloß Repräsentant

des Patriarchats, sondern auch jemand, der die Selbstverständigung stört, den Monolog verhindert. Selbstliebe, Ich-Stärke und Hoffnung werden erst dann möglich, wenn das vom Mann entworfene Bild der Frau, sich nicht mehr zwischen das wahre und das falsche Selbst schiebt. Bedingung der Möglichkeit weiblicher Selbstliebe ist die Erfahrung, daß es möglich ist, den eigenen Körper so zu akzeptieren, wie er ist. Möglich wird diese Veränderung nicht nur durch den Rückzug, sondern durch das Zusammenleben mit einer Frau; durch gegenseitige Bestätigung in einer Gruppe von Frauen. Die patriarchalischen Normen werden durch Annäherung an eine Weiblichkeit »ohne Normen« ersetzt, die Erotik und Sexualität bewußt einbezieht, und zu leben versucht. Sehr deutlich wird die Verschiebung der Wünsche in einem Bild, das den Gang zu den Müttern – den alten männlichen Topos – neu und anders formuliert, nämlich nicht mehr als den Rückzug der Söhne, sondern als Weg der Töchter zur großen Mutter.

»Wir waren zu mehreren frauen in einen kurort ans meer gefahren, das schloss, in dem wir wohnten, war ein labyrinthartiges, riesiges gebäude mit verschiedenen aufgängen.

Im dorf stand ein kleines altes badehaus aus versunkenen zeiten, in dem es auch eine sauna gab. dort hatten wir uns mit der alten frau des dorfes verabredet. Fenna wollte in unserem beisein mit ihr schlafen. niemand wunderte sich, es war ein ritual.

Die alte war verhutzelt, verschrumpelt und zerlumpt. sie erweckte den eindruck, als ob sie eigentlich nach lebertran riechen müsste. sie trug fellschuhe und humpelte. sprach kein wort, war aber sehr freundlich, abgeklärt freundlich. sie hatte abgeschlossen mit der welt. wir sassen alle im badehaus und warteten auf sie. nachdem sie gekommen war, setzte sie sich auf den boden und begann, langsam und umständlich ihre strümpfe auszuziehen. ich sass neben ihr. sie trug feste, graue baumwollstrümpfe über enorm dicken beinen, an denen sich krampfadern herauswölbten. wir betrachteten ihre hässlichkeit mit ehrfurcht, wussten wir doch, dass diese das ergebnis eines normalen frauenlebens war. die ästhetischen vorstellungen, die wir noch hatten, wollten wir über bord werfen und anfangen, archaische, unförmige alte wie sie zu verehren. Mir dauerte das ganze zu lange, ich ging weg. die anderen erzählten mir später, daß das ritual doch nicht stattgefunden hatte, warum weiss ich nicht.«

In der halluzinierten Verschmelzung mit der archaischen, großen Mutter ist das Gesetz des Vaters, das Gesetz des Patriarchats, außer Kraft gesetzt. Das ödipale Dreieck wird durch die symbiotische Verschmelzung von Mutter und Tochter, Müttern und Töchtern ersetzt: ein matriarchalisches Wunschbild also, in dem der Mann nur negativ, als ausgeschlossener Dritter vorkommt.

Zum Umkreis des Wunschbildes gehört der Versuch, durch Vermittlung der mythischen Mütter, die Versöhnung mit dem realen Mutterbild der frühen Kindheit zu erreichen, um die Ambivalenz zwischen Müttern und Töchtern aufzuheben. Direkt ausgesprochen wird dieser Versuch der Versöhnung an einer anderen Stelle des Textes.

Dabei ist nicht mehr von der alten Frau die Rede; es geht vielmehr um die Beziehung zwischen der Ich-Erzählerin und ihrer Freundin. Beide Frauen versuchen Klarheit über ihre Beziehung zu gewinnen:

»Diese verbundenheit . . .«, sagte ich im weitergehen, »ich glaube, sie hat etwas mit dem ungeklärten begriff ›mütterlichkeit‹ zu tun. das ist so zwiespältig, so . . . vieldeutig . . . wie sollten wir zu ›mütterlichkeit‹ einen unmittelbaren, ungebrochenen zugang finden? – zu lange sind wir als nur-ackerfurche missbraucht worden – es geht auch nicht in erster linie um . . . die frau, die uns geboren hat . . . wir wollten die blutsbande, die schuldgefühle, das schweigen ja nicht, es . . . geht nicht um wiedergutmachung, nicht um ›mütterlichkeit‹ nur ihr gegenüber, sondern um die macht der mütterlichkeit, um mütterlichkeit als allgemein menschliche eigenschaft –.«

Die versuchte Versöhnung mit dem Bild der Mütterlichkeit

ist, als Wunsch und Utopie, zugleich Entfernung vom ödipalen Muster, das Feindschaft zwischen Mutter und Tochter, Rivalität zum Gesetz erklärt, und eine unmittelbare emotionale Beziehung zwischen Frau und Frau nicht zulassen kann.

Allerdings hängt das Bild der Befreiung sehr eng mit dem regressiven Fluchtbild einer großen Harmonie in der Frauengemeinschaft – jenseits der patriarchalischen Sphäre, zusammen. Die imaginierte Verschmelzung mit der großen Mutter hat zwar, als Momentbild ihren historischen Sinn, aber eben nur als eine erste Phase der Veränderung. Das Bild selbst bedeutet noch keine Aufhebung der Hierarchie, sondern vorläufig nur die Ausklammerung des angstmachenden Vaterbildes. Dafür spricht auch, daß das Bild der Mutter zwar aufgewertet wird, aber mit Vaterbildern nicht in Konkurrenz treten darf, sondern einer Art von Berührungstabu unterliegt. Der Mann, der Vater, wird nicht als Rivale definiert, die Frau entzieht sich vielmehr der Wahrnehmung durch den Mann.

Aus dem Kampf der Geschlechter wird der Auszug der Mütter und Töchter aus der männlichen Zivilisation in eine Wildnis, die als weibliches Reservat verstanden wird. Die Geschlechter sind sich, im Blick der Frau, bereits so entfremdet, daß ihr Auseinanderrücken anstelle nicht nur der alten Hierarchie, sondern auch der Rivalität tritt.

Zum Bild des Auseinanderrückens gehört für das Ich die moralische Polarisierung zwischen einer guten und einer bösen Sphäre: Natur gegen Zivilisation, Intuition gegen Abstraktion, Handarbeit gegen Technik, kosmische Zustände gegen Geschichte. Die Reihung ist fortsetzbar. Der Unterschied zu den alten Männermythen liegt darin, daß Gut und Böse mit den Vorzeichen männlich und weiblich versehen werden. Der »schlechten«, männlichen Zivilisation wird eine »bessere« das heißt eine weniger zerstörte, weniger kaputte, weibliche Natur entgegengestellt, die den Maschinen und Institutionen Widerstand geleistet hat: eine imaginierte weibliche Gegengeschichte also. Unterstellt wird, daß die Frau sich am Prozeß der Zivilisation weniger beteiligt hat und daß ihre Hände weniger schmutzig geworden sind als die des Mannes. Zweifellos ist dies vom politisch aktiven Handeln, vom Gebrauch und Mißbrauch der Macht her richtig; nur bedeutet das Ferngehaltenwerden von der Macht noch nicht, von der historischen Entwicklung weniger tangiert zu sein.

Hinzu kommt, daß die Festschreibung der Differenz zwischen den Systemen männlich und weiblich vorgenommen wird ehe überhaupt ein Instrumentarium zur Verfügung steht, das geeignet ist zu definieren, was männlich und weiblich jenseits der kulturspezifischen Projektionen bedeutet oder bedeuten kann. Das heißt, »frau« setzt damit die starre Differenz der Systeme männlich und weiblich, auf denen die patriarchalische Gesellschaft beruht, fort, statt sie in Frage zu stellen oder aufzulösen.

Selbstverständlich gibt es, bedingt durch die verschiedenen historischen Erfahrungen der Geschlechter Unterschiede; wie aber könnte man sie in der jetzigen Situation, löst man sich vom archäologischen Blick aufs schlechte Vergangene, auf die Zukunft hin neu fixieren? Möglich ist für Verena Stefan daher auch nur die Akzeptanz des freudianischen Schlusses, die Anatomie sei Schicksal. Nur heißt es diesmal, Frauen hätten die bessere Anatomie; also wieder einmal die anthropologische Fixierung auf ein totales Anderssein der Frau; eine neue Ausgrenzung aus der Wirklichkeit und ein erneuter Verzicht. Die Problematik, sozusagen aus dem Stand und ad hoc, eine feministische Anthropologie entwerfen zu wollen, zeigt sich in der Schwierigkeit, dafür eine Sprache zu finden.

»Als ich über empfindungen, erlebnisse, erotik unter frauen schreiben wollte, wurde ich vollends sprachlos. deshalb entfernte ich mich zuerst so weit wie möglich von der alltagssprache und versuchte, über lyrik neue wege zu finden. naturvergleiche sind naheliegend. frau – natur scheint ein abgedroschenes thema zu sein – von männern abgedroschen und missbraucht. die natur selber scheint ein abgedroschenes thema zu sein; sie ist vom patriarchat zerstört worden. unser verhältnis dazu ist ein gebrochenes, wir müssen es neu untersuchen.«

Was dem Konzept vorausgeht ist die Einsicht in das männliche System unserer Sprache, angefangen »mit dem wörtchen ›man‹ fängt es an. ›man‹ hat, ›man‹ tut, ›man‹ fühlt . . .: ›man‹ wird für die beschreibung allgemeiner zustände, gefühle, situationen verwendet – für die menschheit schlechthin.«

Selbstverständlich hat Verena Stefan recht, wenn sie auf die Sprachtradition anspielt; nur, wie sollte eine weibliche Sprache als Schöpfung aus dem Nichts entstehen. Verena Stefan versucht das Dilemma durch Rückzug auf ein älteres, wie sie annimmt, vom Patriarchat weniger mißbrauchtes Sprachmuster zu lösen: ihr Rückgriff gilt der Sprache der romantischen Naturphilosophie, bis hin zur abgesunkenen Romantik des fortgeschrittenen 19. Jahrhunderts. Den ästhetischen Protest der Frühromantik gegenüber dem heraufziehenden Zeitalter der Maschinen nachvollziehend, repetiert Verena Stefan – auf der Suche nach der weiblichen Sprache – noch einmal diesen Rückzug und die Verweigerung des Gesellschaftlichen im Namen einer poetisierten Natur.

Stillschweigend wird vorausgesetzt, daß die Geste des Rückzugs aus der Geschichte, der romantisch antikapitalistische Protest – keine Erfindung der Frauen – eine neue Weiblichkeit repräsentieren könnte. Diese Vorstellung entspricht dem, was männliche Kulturphilosophen, angefangen mit Rousseau, immer schon über das andere, zweite Geschlecht gedacht haben. Geschichtslosigkeit zum Beispiel, Natur, Ursprünglichkeit, Spontaneität, Ganzheit, das selige Ruhen in sich selbst, all dies wurde dem Reich der Frau immer schon verdächtig neidlos zugeordnet. Vorausgesetzt allerdings, sie ließ es sich nicht einfallen, den Weg in umgekehrter Richtung zu gehen und Grenzüberschreitungen zu wagen.

Zwar steht in »Häutungen« die für jede konkrete Verände-

rung zentrale Frage am Anfang: die Frage, wie eine Frau, die mit der Vorstellung aufwächst, ihr Selbstwertgefühl als ›Belohnung‹ für Wohlverhalten vom Mann zu erhalten, autonom werden und sich vom Objekt der Begierde zum Subjekt wandeln kann. Nur wird die notwendige Frage aufs Konservativste, nämlich mit einem ›Tigersprung‹ hinaus aus der Geschichte und zurück in eine imaginierte Natur gelöst. Wieder einmal wird suggeriert, nur diesmal von der Frau selbst, daß Weiblichkeit sich durchs biologische Schicksal definiert. »frau« versteht sich als Geschlechtswesen, das sich (durch den Körper, durch Gebärmutter und Menstruation bestimmt und innerhalb der männlichen Wirklichkeit zur Sprachlosigkeit verurteilt) in eine bessere Welt zurückzieht.
Selbst der »Entzug« hat ambivalente Züge. Neben der Notwendigkeit des Zusichselbstkommens sind die Züge der Resignation, die Gesten der Enttäuschung, nicht zu übersehen. Wieder einmal geht die Frau, die versucht, sich zu befreien, den männlichen Definitionen und Projektionen auf den philosophischen Leim. Sie zieht sich in eben jenes Reservat zurück, das ihr immer schon zugestanden war, ins Reich der blauen Blumen, der Naturbilder und der Empfindungen. Daß der Mann, der Erlöser, der Märchenprinz, diesmal ausgeklammert wird und die Empfindung sich auf »Empfindungen unter Frauen« richtet, erscheint dagegen sekundär.
Die Flucht aus der Gesellschaft, der Rückzug auf die archaische Mutter und die Fiktion eines begriffslosen und unmittelbaren weiblichen Denkens ist ja letztlich eine Fluchtbewegung, die auf Angst vor dem Mann beruht. Zwar wird der konkrete Mann ausgeschlossen; der imaginäre Mann und die Eigenschaften, die ihm zugeordnet werden, läßt sich aber damit noch längst nicht aus dem Bewußtsein verdrängen.
Bezeichnend für diese Fluchtbewegung erscheint die Beschwörung der archaischen Mutter. Dieses Wunschbild hat in irrationalen Bewegungen stets eine besonders hervorgehobene Funktion. Es handelt sich dabei zwar scheinbar um eine

Aufwertung des Weiblichen, eine Aufwertung allerdings um den Preis der Fixierung auf die Bedeutung von »Mütterlichkeit«.

Während das Phallische Prinzip, das Gesetz des Vaters, stets mehr bedeutet als Vaterschaft, wurde und wird »Mütterlichkeit« als biologisches Schicksal verstanden.

Zwar gibt es auch männliche Sehnsuchtsbilder, die eine romantisierte Vorstellung von Weiblichkeit und Mütterlichkeit für sich reklamieren. Nur ändert dieser männliche »Neid« auf feminine Qualitäten noch gar nichts an der sozialen Tatsache, daß die begrenzenden und ausschließenden Zuschreibungen, die mit diesen Qualitäten verknüpft sind, nicht dazu taugen, zur feministischen Utopie verklärt zu werden.

Rückzüge und Selbstversuche

»Epische, halbepische Dichtung verlangt eine Hauptfigur, die bei vorwaltender Tätigkeit durch den Mann, bei überwiegendem Leiden durch die Frau dargestellt wird.«

Bemerkenswert an dieser Formulierung Goethes ist eigentlich kaum etwas. Die Zweiteilung der epischen Welt, von der die Rede ist, entspricht aufs Genaueste der Zweiteilung der wirklichen Welt im 19. Jahrhundert; originell ist daran nichts. Auffallend ist jedoch doch etwas: die Tatsache nämlich, daß die Polarisierung, um die es hier geht, ihr Jahrhundert überdauert hat; nicht nur im Leben, sondern auch in der Literatur.

Und: Gerade in der neuen Literatur der Frauen, in jener Literatur also, die etwas mit dem Stichwort »Feminismus« zu tun hat, geht es fast stereotyp ums Leiden der Frauen und um die Aktionen der Männer, um weibliche Introspektion und männliche Spielräume.

Zwar wechselt der Blick auf die Szenerie, die Beleuchtung ist im Begriff, sich zu verändern: die Polarisierung aber bleibt. Die Erfahrung des passiv hingenommenen Leidens bestimmt nach wie vor wie ein roter Faden das Selbstbild. Auch wenn diese Perspektive durch die These vom Privaten, daß zugleich das Öffentliche sei, legitimiert wird, so fehlt doch der Umkehrschluß. Es bleibt bei den Szenen aus dem Privatleben; das Öffentliche jedoch wird nicht in diese Inseln des Privaten einbezogen. Die weibliche Phantasie ist, wie es scheint, immer noch an das Leiden ohne Satisfaktion, an die inneren Katastrophen der Biographie gebunden. Das Unbehagen an der männlichen Kultur, die Wahrnehmung des Draußenbleibens, kann zwar endlich artikuliert werden; neue Entwürfe, Zukunftsmodelle jedoch sind auch im literarischen Probehandeln noch fast eine Rarität.

Fast sieht es so aus, als sei die weibliche Wunschproduktion noch gar nicht in Gang gekommen, als funktioniere die Verschiebung der Wünsche in Phobien und Passivitätsschübe nach wie vor.
Nicht zufällig zum Beispiel sehen gerade feministische Künstlerinnen Frauen als fragmentierte, kaputte Puppen, als Küchenmadonnen und Hüterinnen der Abfälle. Nicht zufällig arbeiten sie mit schlaffen, unansehnlichen Materialien, die aussehen, als kämen sie vom Wühltisch, um Küchenvironments herzustellen, hinter denen »der Schatten der großen Hausfrau« sichtbar wird. Frauenbilder, reduziert auf die Funktionen häuslicher Produktion und Konsumption im Dunstkreis der Familie. Andere »befreite« Bilder sind die Ausnahmen.
Der böse Blick auf die Müllarrangements entspricht wohl immer eher unserer alltäglichen Realität, als der utopische Fernblick auf Frauen, die sich weder auf Funktionen reduzieren lassen, noch den »Liebesblicken« der Waren verfallen sind. Nach wie vor gibt es tagtäglich die immer gleichen weiblichen Opfergänge »im Namen der Liebe« und – als Spiegelbild des Opfergangs – die folgenlosen Zimmerschlachten ohne Aussicht und Absicht konkreter Veränderung. Die häuslichen Dialoge lesen sich immer noch so, als habe Strindberg sie geschrieben, mehr als der sadomasochistische Wortwechsel fällt kaum einer und kaum einem ein. Sicher, die Verhältnisse sind nicht so, daß Utopien leicht fielen, konkrete Veränderungen leicht durchzusetzen wären.
Trotzdem: über die noch so einsehbaren und plausiblen Daten und Fakten hinaus muß es im Hinblick auf die Selbstbegrenzung der weiblichen Vorstellungen, im Hinblick auf die unbetretenen Wunschlandschaften, einen unaufgelösten Rest geben, der in kein Erklärungsmodell paßt und die bloße Empirie übersteigt. Auch die bekannte These vom chronischen weiblichen Minderheitenverhalten erklärt nicht mehr alles. Sie erklärt vor allem nicht, warum Frauen am Ende dieses Jahrhunderts nach wie vor so leben, als glaubten

sie Neger im Onkel Tom Stadium einer Sklavenhaltergesellschaft zu sein. Die bekannte Strategie des sich Kleinmachens, sich Duckens, der reduzierten Hoffnungen und Wünsche hat ja längst nicht mehr die Funktion einer Überlebensstrategie; sie ist nicht mehr notwendig um »durchzukommen«. Eher handelt es sich um eine »freiwillige« Leistung. Hartnäckig wird die nicht realisierte aber mögliche Wandlung der weiblichen Rolle ignoriert, eher wird das alte defekte Gehäuse beibehalten, als den Sprung ins Ungewisse zu vollziehen. Verdeckt wird dieses für das eigene Selbstgefühl peinliche Moment dann mit der Klage über die empirischen Verhältnisse, die eben nicht so seien.

Jetzt erst, nachdem die alten Wunschbilder die Gretchens und Kätchens, die Lulus und die Helenas, die Mamas und die Huren im Stadium der Auflösung sind, wird ein Vakuum deutlich – ein Moment des Stillstands zwischen Nicht-mehr und Noch-nicht. Die alten Bilder sind passé, die neuen Erfindungen aber lassen auf sich warten.

Die Literatur der Frauen ist für diese Situation zwischen Nicht-mehr und Noch-nicht ein Indiz. Es läge nahe, dies zu konstatieren und dann zur Selbstbezichtigung überzugehen. Nur: die Selbstbegrenzung der Einbildungskraft, das Defizit der Hoffnungen, der Mangel an Bildern, hat sehr konkrete historische Ursachen; Ursachen, die allerdings nicht in der Empirie des Hier und Jetzt aufgehen.

Gerade die literarischen Arbeiten aus den siebziger Jahren zeigen in großer, manchmal sogar unfreiwilliger Deutlichkeit, daß nicht die Empirie, sondern die internalisierten Geschlechterrollen, die klassische Zweiteilung der Welt in leidende Frauen und handelnde Männer das Selbstbild weiterhin bestimmen.

Der Entschluß der Nora Helmer, aus dem Haus zu gehen und die eingeübte Abhängigkeit von einem Moment zum anderen aufzugeben, ist nach wie vor ein Modell; ein Orplid für Ehefrauen. Die plötzliche Wandlung von der Puppe zum Menschen ist das, was sie schon vor hundert Jahren war: die

Utopie eines frauenfreundlichen männlichen Autors, der die Innenseite der Ohnmacht ausblendet, um zu demonstrieren, was sein könnte.
Während Nora am Ende des Stückes einfach geht, wurde den vielen möglichen, realen Noras die Grenzüberschreitung so schwer wie nur möglich gemacht. Dem Weg ins Freie standen nicht allein reale, gesellschaftliche Barrieren entgegen, sondern auch ein Selbst-Bildnis, dessen Besonderheit eben darin bestand, sich auf dem ›Markt des Lebens‹ nicht ohne Schutz zurechtfinden zu dürfen.
Die Frauenbewegung hatte es von Anfang an mit einem Dilemma zu tun, das noch heute im psychischen Untergrund weiterwirkt. Die formalen Rechte, die sie forderte, Rechte, die eine Erweiterung und Veränderung der Rolle bedeuteten, widersprachen dem weiblichen Ideal. Dieses von allen gesellschaftlichen Bezügen »gereinigte«, poetische Andachtsbild prägt aber bis heute direkt oder indirekt unsere Vorstellungen. Nach wie vor hat dieses Bild, selbst dann noch, wenn seine Historizität aufgedeckt und »im Kopf« reflektiert ist, den Effekt, daß fast jede Frau sich bei fast jedem noch so kleinen Emanzipationsschrittchen die Frage stellt, ob das was sie tut »weiblich« ist oder nicht.
Deutlicher als in anderen, feministischeren Texten zeigt sich diese idée fixe, die freiwillig-unfreiwillige Reduktion aufs Seelenghetto, in den Romanen und Erzählungen der Ingeborg Bachmann. Besonders deutlich wird die Fixierung auf ein traditionelles weibliches Selbstbild in »Malina«.
Als der Roman 1972 erschien, wurde er von der männlichen Kritik außergewöhnlich scharf abgelehnt. Was der Lyrikerin Ingeborg Bachmann ohne weiteres zugestanden wurde, das hochgespielte Gefühl, die ›weibliche‹ große Emotion, wurde der Prosaschriftstellerin als ästhetisches Defizit angerechnet. Heute gelesen sind die Kritiken von damals in ihrem Abwehrcharakter, ihrem Ressentiment, leicht durchschaubar.
Eine neue Generation weiblicher Rezipientinnen hat sich daran gemacht, gerade diesen umstrittenen Prosatext Inge-

borg Bachmanns neu zu sehen, ästhetisch zu rehabilitieren und für eine feministische Literatur zu reklamieren. Dafür gibt es gute Gründe; nur liegt gerade in der weiblichen Position, die Ingeborg Bachmann vertritt, ein Problem.

Worum geht es überhaupt? Es geht um die existentielle Situation einer namenlos bleibenden weiblichen Ich-Figur, um ihre Beziehung zu zwei Männern. Das Ich, eigentlich müßte es heißen »Die Ich«, steht zwischen Ivan, dem realen Mann, den sie liebt, und einem anderen: Malina. Nur ist Malina nicht einfach der andere Mann, der erotische Rivale Ivans; er repräsentiert vielmehr das abgespaltene Männliche in der Psyche des Ich. Wenn dieses Ich sich in Monologen, Erinnerungen und Träumen mitteilt, ist immer nur der weibliche Anteil der Ich-Malina-Person gemeint. Malina ist zwar stets präsent, wird aber als Fremder, als jemand, der dem Weiblichen im Ich widerspricht, der Einspruch einlegt, abgelehnt; seine Argumente bleiben ohne Wirkung.

Während sich die weibliche Ich-Hälfte als chaotisch, abhängig, schwach, hilflos, labil und im Gefühl aufgehend versteht, ist Malina ihre rationale Kopf-Seite: Malina ist in der Lage, Ordnung in seinem Leben und seinem Denken zu schaffen; er hat einen Beruf, ist arbeitsfähig und hat ein Buch geschrieben.

Die Ich-Erzählerin dagegen ist reine Emotion und absoluter Gefühlsanspruch; zumindest versteht sie sich so. Ihre Welt ist reduziert auf die Liebe zu Ivan, der für sie ALLES ist und alles zu sein hat: Lebenselixier, Sinnstifter, Märchenprinz und Therapeut: »Weil Ivan mich zu heilen anfängt, kann es nicht mehr ganz schlimm sein auf Erden.«

In der Gegenwart Ivans schrumpfen alle früheren Tätigkeiten der Frau, »die weite Welt«, in der sie »bisher gelebt« hat, zur Bedeutungslosigkeit:

»Und dankbar bin ich, wenn ich ihm seinen Drink und das Essen richten darf, ihm heimlich hie und da schon die Schuhe putze, mit dem Fleckenwasser an seiner Jacke hantieren darf.«

Die namenlose Frau lebt in Tagträumen, in Phantasien über die psychische Verschmelzung mit Ivan. Ihr Malina-Anteil; das Schreiben, das Denken, die Kopfarbeit, wird vor ihm verheimlicht; all das bleibt aus einer Beziehung ausgeklammert, die im Blick der Frau, aus der Begegnung reiner Weiblichkeit mit reiner Männlichkeit bestehen soll. Malina ist der ausgeschlossene Dritte, der aus der Symbiose herausfällt.

Die Frau fühlt sich, um eine Formulierung Meret Oppenheims zu zitieren, dazu verpflichtet, »eine Tarnkappe zu tragen«, die das verbirgt, was sie für ihr »Geistig Männliches« hält.

Dazu noch einmal Meret Oppenheim: »Für die Frauen bedeutet das, daß sie ihr eigenes Weibliches leben müssen, sowie das von den Männern auf sie projizierte, sie sind also Weib hoch 2. Das ist doch wohl zu viel. Es ist die Frau, wie sie schon lange war und wie sie heute, zum großen Teil, noch ist.« Das Ich, »die« Ich, der Ingeborg Bachmann, spielt in der Tat vor sich und für den Mann die Frau hoch 2; sie nennt das Spiel »glücklich mit Ivan«.

Nur ist der Mann an den Unterwerfungsritualen der Frau, an ihrer »Tarnkappe«, nicht interessiert. Sie selbst stilisiert sich zum Weib hoch 2:

»Ivan kann es, zum Unterschied von anderen Männern, gar nicht vertragen, wenn ich eigens auf einen Anruf warte, mir Zeit nehme für ihn, mich richte nach seinen freien Stunden, und so tu ich es heimlich, ich füge mich und denke an seine Lehrsätze, denn von ihm stammen die vielen ersten Lehrsätze für mich. Doch es ist spät heute, ich hätte Ivan vor fünfzehn Jahren auf dem Weg zum Postamt treffen sollen. Zum Lernen ist es nicht zu spät, aber wie kurz wird die Zeit sein, in der ich das Erlernte noch verwenden kann. Aber ehe ich, auf sein Geheiß, heute einschlafe, bedenke ich, daß ich damals nicht fähig gewesen wäre, die Lektion in ihrem ganzen Ausmaß zu verstehen.«

Der Unterwerfungsakt wird nicht durch Liebe belohnt, im

Gegenteil. Das »Glück mit Ivan« besteht von Beginn an »aus Warten und Rauchen« und »Warten und Rauchen«; aus »dumpfem Aufschauen« und passiver Erwartung. Die masochistische Selbstinszenierung der Frau läuft ins Leere, sie bleibt ohne Gratifikation.

Die psychischen Verknotungen zwischen Ich und Ivan sind zugleich paradox und paradigmatisch; die romantische Gefühlskultur ist hier auf ihrem Höhepunkt und zugleich am Ende angekommen. Der Mann in der Rolle des Liebhabers macht sich nicht einmal mehr die Mühe, der Frau zuliebe den Romantiker zu spielen; er verzichtet darauf, sie zu belügen und sie in ihrem Wunsch nach symbiotischer Verschmelzung zu bestärken. Nicht er allein macht die Frau zur Ohnmächtigen und Gedemütigten; sie drängt ihm ihre Ohmacht geradezu auf. Sie regrediert, weil sie sich von der Regression das Glück mit Ivan verspricht. Nur: Ivan ist zwar kein romantischer Liebhaber, aber auch kein bürgerlicher Patriarch im Stil des 19. Jahrhunderts; er ist ganz einfach – auch in der Sicht der Frau – jemand, der sie und ihre Liebe eigentlich gar nicht braucht. Er, der Gefühllose und Gleichgültige, verlangt aber auch von der Frau nicht eine bedingungslose Hingabe, mit der er gar nichts anfangen kann. Die Konstellation ist neu: Ivan, der moderne Mann, der lieblose Liebhaber des 20. Jahrhunderts, gibt der Frau, die ihn liebt, nicht einmal mehr die Chance, durch Unterwerfung und Passivität seine Liebe, sein Verständnis zu erzwingen. Er, der Gleichgültige, hat nicht einmal einen Namen für sie; Ivans Name dagegen ist für die Frau »überall«.

Im Gegensatz zu den Liebenden des 19. Jahrhunderts weiß die Frau (selbst dann, wenn sie vorgibt, es nicht zu wissen), daß sie »von Apfelbäumen Orangen verlangt«. Sie weiß, daß sie vom Mann etwas erwartet, daß er ihr nicht geben kann, trotzdem verhält sie sich so, als würde Unterwerfung das möglich machen, was a priori unmöglich ist. Sie spielt eine Rolle, die nicht mehr gefragt ist, und sie spielt sie von Anfang an gegen jedes eigene Interesse.

Im Gegensatz zu Emma Bovary, der es aus Unwissenheit eine Zeitlang gelingt, den Mann zu mythisieren, ist sich das Ich, um das es im Roman der Ingeborg Bachmann geht, von Anfang an sehr genau über die »Krankheit« des Mannes im Klaren.

Jeder Mann, auch Ivan, ist ein »Kranker«, der sich kaum mit ihr beschäftigt: »Für ihn ist es ja leicht, wenig an die Frauen zu denken, denn sein krankes System ist unfehlbar, er wiederholt, er hat sich wiederholt, er wird sich wiederholen. Wenn er gerne die Füße küßt, wird er noch fünfzig Frauen die Füße küssen, warum soll er sich also beschäftigen in Gedanken, bedenklich wegen eines Geschöpfes, das sich zur Zeit gern von ihm die Füße küssen läßt, so meint er jedenfalls. Eine Frau muß aber damit fertig werden, daß jetzt ausgerechnet ihre Füße an der Reihe sind, sie muß sich unglaubliche Gefühle erfinden und den ganzen Tag ihre wirklichen Gefühle in den erfundenen unterbringen, einmal damit sie das mit den Füßen aushält, dann vor allem, damit sie den größeren fehlenden Rest aushält, denn jemand, der so an Füßen hängt, vernachlässigt sehr viel anderes. Überdies gibt es noch die ruckartigen Umstellungen, von einem Mann zum andern muß sich ein Frauenkörper alles abgewöhnen und wieder an etwas ganz Neues gewöhnen. Aber ein Mann zieht mit seinen Gewohnheiten friedlich weiter, manchmal hat er eben Glück damit, meistens keines.«

Trotzdem, trotz aller Einsichten in das, was bei Christa Wolf einmal die »Teilerblindung des Mannes« genannt wird, besteht die Frau in ihrem Selbstgespräch auf dem Unmöglichen; auf der Aufhebung der Entfremdung. Sie weigert sich, von ihrem Wissen Gebrauch zu machen, so wie sie sich weigert, Malina als einen Teil ihres Selbst zu akzeptieren. Sie weigert sich die Lösung, die in den etwas später geschriebenen weiblichen Autobiographien durchgespielt wird, auch nur auf Probe zu denken: Das Atemholen, die Autonomie, die Distanz, das Leben ohne einen männlichen Messias.

Statt dessen besteht sie auf einer »Weiblichkeit«, die zwar

dem Mann als das ganz Andere gegenübersteht, zugleich aber von ihm völlig abhängig ist. Der weibliche Anspruch, auf dem sie besteht, meint nicht Autonomie, sondern das Recht auf Unmündigkeit, das Recht auf Warten und Leiden und Selbstzerstörung. Zwar empfindet sie sich als »Die Zerrissene/Der Zerrissene«; beides zusammen aber ist für sie nicht lebbar. Das, was sie in sich vorfindet, Gefühl und Geist, Kreativität und Chaos, das Androgyne also oder auch einfach die Summe individueller Eigenschaften, wird abgewehrt. Der Mann, für den dieses Kunststück geschieht, hat es daher auch nur mit einer Teilansicht zu tun, mit einer fragmentierten Persönlichkeit.

In einer geradezu masochistischen Projektion spielt sie noch einmal, vergeblich, die hilflose und zerstückelte Kindfrau.

Erst im zweiten Teil des Romans wird diese Projektion mit Erinnerungsspuren aus der frühen Kindheit, mit der Bindung an eine übermächtige und sadistische Vaterfigur in Zusammenhang gebracht. Dieser zugleich reale und irreale Vater, der biologische Vaterschaft und patriarchalisches Gesetz bedeutet, ist der ›Verfolger‹, der die Tochter zu zerstören sucht.

Er verbietet ihr Bücher, »reißt ihr die Zunge heraus«, er hält »seine Sonntagspredigten«:

»Heute verflucht er meine Mutter und mich, er verflucht sein Geschlecht und mein Geschlecht, und ich gehe zu dem Weihwasserbecken der Katholiken und benetze meine Stirn, im Namen des Vaters, ich gehe hinaus, bevor die Predigt zu Ende ist.«

Der Vater ist der »Regisseur der Kindheit«; es »geht alles nach seinem Willen«. Er übt die Tochter in die Unterwerfungsrituale ein, die sie dann später, für Ivan, repetiert.

Die Mutter ist unfähig, ein Gegenbild vorzuleben. Sie ist für die Tochter »der Hund«, der geprügelt wird: »Ich denke, der Hund habe keine Ahnung, daß er meinen Vater nur ein wenig ins Bein beißen müsse, damit die Prügelei ein Ende hat, aber der Hund heult leise und beißt nicht.«

Der Vater ist jemand, der der Tochter all das untersagt, was Malina später tun wird: Lesen und Schreiben. Dafür prügelt er die Tochter, bringt sie ins Gefängnis, zerstört ihre Bibliothek und versucht, ihr die Zunge herauszureißen. Malina ist von Anfang an das »Männliche«, das aus der Tochter, aus der Frau, herausgeprügelt werden soll. Der Vater zieht eine Schwester Melanie vor, die in seinen Augen ganz weiblich ist und ihn »auffrischt«. Melanie ist das weibliche Gegenstück zu Malina. Die namenlose Tochter, die als Kind den Aufbruch, den Ausbruch wagt, aber ist unfähig, sich später von den Demütigungen, die sie erfuhr, freizumachen. Sie kann sich nicht mit dem psychischen Anteil identifizieren, der mit dem Tabu »Männlichkeit« belegt und der Frau vom Vater verboten ist: Malina. In den alten Bildern befangen, spielt sie vor Ivan die Rolle der Mutter, den »Hund«, und zugleich die Rolle der Melanie. Sie regrediert auf jene Rollen und Posen, die sie früher bei der Mutter und der Schwester verachtete; ihre Phantasie »als Frau« bleibt ans alte Muster gebunden.

Sie macht, ohne daß dies je gesagt würde, Ivan zur neuen Vaterfigur, zu einem Vater, der lieben kann. Und umgekehrt macht sie sich zum Kind, zur Kindfrau, um den Vater-Geliebten endlich für sich zu gewinnen.

Trotzdem fühlt sie sich Ivan gegenüber so wie früher vor dem Vater: »als Abfall«, »aus seiner Rippe gemacht« und »seit jeher entbehrlich«.

Ivan hat es daher gar nicht mehr nötig, von seiner Macht Gebrauch zu machen. Alles was zur Unterwerfung der Frau nötig ist, hat der Vater, das Vaterbild, das Gesetz des Vaters, vorweggenommen. Der Mann ist immer schon »Herr über die Zeit der Frau«, er bestimmt, was geschieht: »Ivan hat einen freien Nachmittag, nur für Ivan gibt es freie Nachmittage, eine freie Stunde, einmal auch einen freien Abend. Was mit meiner Zeit ist, ob ich freie und unfreie Stunden habe, Freiheit und Unfreiheit habe, darüber wird nie geredet . . . Ivan will mich auf ein Eis im italienischen Eissalon einladen, aber es ist keine Zeit mehr, der freie Nachmittag ist schon vorbei und wir müssen zurückrasen in die Stadt. Das Eis werde ich das nächste Mal bekommen.«

Ivan ist am Unglück, an der Passivität der Frau zugleich mit schuld und nicht schuldig. Er ist zwar unfähig zu begreifen, was die Frau von ihm erwartet, zugleich aber ist sie ihm gegenüber sprachlos. Auf seine »Schimpfsätze«, seine Vorwürfe, seine Beleidigungen, erfährt er keine Antwort; sie ist nicht in der Lage, ihm etwas über sich selbst mitzuteilen:

»Die Schimpfsätze bestreitet Ivan allein, denn von mir kommen keine Antworten, nur Ausrufe oder sehr oft ein ›aber Ivan!‹, das jetzt nicht mehr so ernst gemeint ist wie am Anfang.

Was weiß Ivan von dem Gesetz, das für mich gilt? Aber es wundert mich doch, daß Ivan in seinem Wortschatz das Gesetz hat.«

Als Ivan sich zurückzieht, bleibt für das weibliche Ich nur die Kapitulation, es empfindet sich als »Fälschung«, als »Karikatur«. Am Ende verschwindet die Frau mit einer kafkaesken Metapher in der Wand: »Es ist eine sehr alte, eine sehr starke Wand, aus der niemand fallen kann, die niemand aufbrechen kann, aus der nie mehr etwas laut werden kann.«

Der Roman endet mit dem Satz: »Es war Mord.« Die Namenlose stirbt als Frau und überlebt als Malina. Der Mörder ist nicht nur der reale Mann, sondern der Vater, der sie immer schon, lange vor ihrer Kapitulation, auf den »Friedhof der ermordeten Töchter« gebracht hat.

Ingeborg Bachmanns Roman beschreibt in überklaren Wortbildern die ungelösten Abhängigkeiten, die traumatische Verletzung durch das Gesetz des Vaters. Der innere Monolog der Frau, ihre Assoziationen, ihre latente Depression, legen die weibliche Wunde bloß, den chronisch gestörten Narzißmus der Ichfigur, die sich ohne den anderen, ohne den Mann, weder zu denken noch zu akzeptieren vermag.

Nur in einer Szene des Romans ist sie einen Moment lang mit sich im Einklang; dann wenn es darum geht, ein Kleid anzuprobieren, dann wenn es heißt, »Eine Frau ist zu

erschaffen für ein Hauskleid.« In diesem Moment ist »Sonntag, könnte schon Sonntag sein.« Die Frau sieht sich im Spiegel und erlebt einen Augenblick der narzißtischen Vollkommenheit; der Mann, jeder Mann, auch Ivan, aber auch Malina, hört auf zu existieren:
»Einmal werden alle Frauen goldene Augen haben, sie werden goldene Schuh und goldene Kleider tragen, und sie kämmte sich ihr goldenes Haar, sie raufte sich, nein! und im Wind wehte ihr goldenes Haar, als sie auf ihrem Rappen die Donau hinaufritt und nach Rätien kam . . .
Ein Tag wird kommen, an dem die Frauen rotgoldene Augen haben, rotgoldenes Haar, und die Poesie ihres Geschlechts wird wiedererschaffen werden . . .«
Das Bild, der vage utopische Ausblick, wird jedoch sofort wieder zurückgenommen, das Hauskleid in den Schrank gelegt; es ist nicht »für heute«.
»Ich bin in den Spiegel getreten, ich war im Spiegel verschwunden, ich habe in die Zukunft gesehen, ich war einig mit mir, und ich bin wieder uneins mit mir.
. . . Ich kann es aufgeben. Einen Augenblick lang war ich unsterblich und ich, ich war nicht für Ivan und habe nicht in Ivan gelebt, es war ohne Bedeutung.«
Das poetische Momentbild bleibt für die Existenz der Frau ohne Bedeutung, der Traum hat mit dem Leben nichts zu tun. Das weibliche Ich bleibt bis zum Ende in Bildern befangen, die trotz aller Einsichten in die Krankheit des Mannes, zur Selbstzerstörung führen.
Noch einmal geht es um einen Abschied, um den neuen Rückzug aus der Welt des Mannes, in der die Frau heimatlos und fremd bleibt:
In der Erzählung »Undine geht« aus dem Jahr 1961 heißt es, die Erfahrungen der Ichfigur aus ›Malina‹ vorwegnehmend:
»Ihr Menschen! Ihr Ungeheuer!
Ihr Ungeheuer mit Namen Hans! Mit diesem Namen, den ich nie vergessen kann.
Immer wenn ich durch die Lichtung kam und die Zweige sich

öffneten, wenn die Ruten mir das Wasser von den Armen schlugen, die Blätter mir die Tropfen von den Haaren leckten, traf ich auf einen, der Hans hieß.
Ja, diese Logik habe ich gelernt, daß einer Hans heißen muß, daß ihre alle so heißt, einer wie der andere, aber doch nur einer. Immer nur einer ist es, der diesen Namen trägt, den ich nicht vergessen kann, und wenn ich euch auch alle vergesse, wie ich euch ganz geliebt habe. Und wenn eure Küsse und euer Samen von den vielen großen Wassern – Regen, Flüssen, Meeren – längst abgewaschen und fortgeschwemmt sind, dann ist doch der Name noch da, der sich fortpflanzt unter Wasser, weil ich nicht aufhören kann, ihn zu rufen, Hans, Hans ...
Ihr Monstren mit den festen und unruhigen Händen, mit den kurzen, blassen Nägeln mit schwarzen Rändern, den weißen Manschetten um die Handgelenke, den ausgefransten Pullovern, den uniformen grauen Anzügen, den großen Lederjacken und den losen Sommerhemden! Aber laßt mich genau sein, ihr Ungeheuer, und euch jetzt einmal verächtlich machen, denn ich werde nicht wiederkommen, euren Winken nicht mehr folgen, keine Einladung zu einem Glas Wein, zu einer Reise, zu einem Theaterbesuch. Ich werde nie wiederkommen, nie wieder Ja sagen und Du und Ja. All diese Worte wird es nicht mehr geben ...«
Wenn Christa Wolf in einer Geschichte: »Selbstversuch« von der »Teilerblindung des Mannes« spricht, so frage ich mich, ob es hier – im Blick der Frau auf die Frau – nicht um eine andere Blindheit der Wahrnehmung geht; um die Weigerung nämlich, aus dem poetisierten Bild herauszutreten, das eine männliche Kultur im eigenen Interesse zur »Natur« der Frau erklärt. Wie sonst wäre es zu erklären, daß die weibliche Seite des Ichs so hartnäckig darauf besteht, ihre andere Hälfte: Malina, von sich fernzuhalten und abzuwehren. Und: wie wäre zu erklären, daß die Frau die Arbeitsteilung zwischen den Geschlechtern nicht einmal in Frage stellt: warum wird männliche Ichstärke gegen eine hypertrophierte weibliche

Schwäche ausgespielt? Warum ist das weibliche Ich nur fähig in Polarisierungen zu denken, die mit den Vorzeichen weiblich und männlich versehen werden? Und weiter, einmal die andere Seite bedenkend: wie überhaupt sollte der Mann in der Lage sein, das verdrängte Gefühl zuzulassen und seine unbekannte »weibliche« Seite zu erfahren, wenn die Frau sich weigert, Malina, den sie kennt, in sich zu akzeptieren.

Der Blick Ingeborg Bachmanns auf sich selbst und ihr Gechlecht hat sich, vermute ich, nicht aus einer männlich-literarischen Tradition befreit, die die Frau auf Rätselhaftigkeit, Schwäche, Abhängigkeit und Seele festlegt. Noch einmal wird eine Tradition bestätigt, die die Frau als Frau, als Geschlechtswesen, a priori zu Ohnmacht und Unglück verurteilt. Noch einmal geht es um eine romantische Allegorie, um Undine und um die Verfallenheit ans Wasser und an den Tod: Und noch einmal geht es um die Übermacht der Bilder, die jede Veränderung blockieren und für die Frau keinen anderen Ausweg lassen als das Exil, das Verstummen, das Verschwinden in der Wand.

In der Literatur der siebziger Jahre bei Christa Wolf und Irmtraud Morgner, bei Sarah Kirsch und Barbara Frischmuth – um nur einige Autorinnen zu nennen, die sich »durchgesetzt« haben – geschieht, die Inhalte betreffend, eigentlich wenig anderes, als die Auseinandersetzung mit jenen Konflikten, die im Werk von Ingeborg Bachmann unlösbar erscheinen. Es geht weiterhin um die ewig-weibliche Krankengeschichte; es geht aber auch um den neuen Versuch, Lösungen zu finden und Möglichkeiten durchzuspielen, die nicht mehr zur Selbstzerstörung führen.

Wenn gefordert wird, wie es bei Christa Wolf immer wieder geschieht, das »Element Utopie« weiterzuführen und die »Maßlosigkeit der Ansprüche« aufrechtzuerhalten, so wird mit einem Beitrag des Mannes zur Utopie eigentlich nicht gerechnet. Er ist nicht mehr der Erlöser, auf den sich alle Erwartungen der Frau konzentrierten; er ist jetzt vielmehr der Andere, der Blinde; jemand, der in seinem eigenen Realitätsprinzip gefangen ist.

In Christa Wolfs Erzählung »Selbstversuch« aus dem Jahr 1972 geht es um eine Frau, eine Wissenschaftlerin, die sich aus Neugier, hinter »das Geheimnis« der Männer zu kommen, für einige Zeit in einen Mann verwandelt; ein neu gefundenes Hormon ermöglichte die Geschlechtsumwandlung. Die männlich-weibliche Person, die mit sich selbst experimentiert, hat »als Frau« andere Probleme mit dem konkreten Mann als die Ichperson Ingeborg Bachmanns. Nicht der Mann ist es jetzt, der keine Zeit hat, sondern sie hat nicht immer Zeit für ihn: er ist nicht »Herr« über ihre Zeit.

»Es ging nicht, verflucht nochmal, sagte Bertram . . ., daß ich niemals Zeit hatte, in seiner großen Familie einen Geburtstag mitzufeiern. Daß ich ihm nichts richtig übelnahm, daß ich nicht eifersüchtig war. Daß ich ihn nicht mit Haut und Haaren für mich haben wollte, was jeder für einen Mangel an Liebe halten mußte.«

In ihrer ersten Nacht als Mann, nach Einnahme des Hormons »Petersein Masculinum 199«, reflektiert die Ichfigur namens Anders ihre frühere Situation«; die »Unnatur« nämlich, die ihr von den Männern ihrer Umgebung vorgeworfen wurde. Sie dagegen versteht sich als Frau, »die den eigens für ihr Geschlecht erfundenen Kompromiß ablehnt«. Sie sieht sich als die, »der es nicht gelingen will, den Blick abzuwenden und ihre Augen in ein Stück Himmel oder Wasser zu verwandeln, die nicht gelebt werden will, sondern leben.«

Sie, die leben will, weigert sich Objekt der Poetisierung zu werden, sich in ein Stück Natur verwandeln zu lassen. Die Erzählerin bricht das Experiment in dem Moment ab, als sie sich versucht fühlt, die Perspektive der Männer zu übernehmen:

»Die Teilerblindung, die fast alle Männer sich zuziehen, begann auch mich zu befallen . . . Schon kam es mir nicht mehr gefährlich vor, an jener Arbeitsteilung mitzuwirken, die den Frauen das Recht auf Trauer, Hysterie, die Überzahl

der Neurosen läßt, während wir Männer uns unbeirrt den Realien widmen, den drei großen W: Wirtschaft, Wissenschaft, Weltpolitik ...«
Trotzdem führt das Scheitern des Experiments nicht nur zur Resignation. Der Selbstversuch endet vielmehr in einem neuen Anfang; im Versuch, das zu denken, was so noch nicht ist:
»Jetzt steht uns mein Experiment bevor: der Versuch zu lieben. Der übrigens auch zu phantastischen Erfindungen führt; zur Erfindung dessen, den man lieben kann.«
Die Utopie des Endes, das neue Experiment, bleibt ein Ausblick, Vorschein, Hoffnung auf das, was nicht ist; nicht mehr. Vom konkreten Mann wird nichts erwartet. Nur bedeutet der Nahblick auf ihn und sein Geheimnis, das »Gleichgültigkeit« heißt, nicht die Katastrophe, den Zusammenbruch für die Frau. Die Desillusion führt nicht mehr zum bürgerlichen Trauerspiel; sie bezeichnet einen Anfang, einen Neubeginn. Dies ist jedoch nur möglich, weil die weibliche Versuchsperson, die mit sich experimentiert, die alte »Arbeitsteilung« aufgehoben hat und nicht mehr bereit ist, im Warten und Rauchen, in Gefühl, Leiden, Passivität und Trauer aufzugehen.
Ihr Blick auf den Mann, seine Krankheit, seine Unfähigkeit zu lieben, entspricht sehr genau der Sicht Ingeborg Bachmanns. Nur wird aus einer fast identischen Interpretation der Verhältnisse eine andere Konsequenz abgeleitet. Die Frau, die das Geheimnis des Mannes erfahren hat, begnügt sich nicht mit Trauerarbeit und Selbstzerstörung. Sie fängt an, mit sich zu experimentieren, weil sie weiß, daß weder »gelebt werden« noch zum fast-Mann zu werden, eine mögliche Lösung wäre. Nur dies macht sie frei, neu anzufangen, auch dann, wenn sie noch nicht weiß, was in Zukunft mit ihr geschehen wird.
Die Grenzüberschreitung bedeutet Entmystifizierung der Geschlechterrollen: Sie bedeutet allerdings nicht nur Entdämonisierung des Mannes, sondern auch das Heraustreten der

Frau aus jenem Ghetto, das ihr als innerer Raum zugeordnet wurde. Die Entscheidung für »Unnatur« hat nichts mit »Vermännlichung« zu tun, sondern mit der Lust, sich selbst neu zu erfinden, die alte Rolle nicht mehr zu repetieren.
Dieser Selbstversuch bedeutet wohl auch einen Verzicht: den Verzicht aufs allzu schöne Bild der entrückten Frau, der chronisch Fremden in der Welt des Mannes. Es bedeutet, nicht mehr von dem Moment zu träumen, »an dem die Frauen rotgoldene Augen haben, rotgoldenes Haar, und die Poesie ihres Geschlechts wird wiedererschaffen sein.«
Der Verzicht auf den romantischen Traum, auf den Blick zurück, bezeichnet aber nur scheinbar Entpoetisierung, Ernüchterung und Alltäglichkeit.
Die Frau, die sich so wie die Versuchsperson Christa Wolfs, von den Polarisierungen entfernt, die ihr im historischen Prozeß zur zweiten Natur wurden, rückt damit auch vom Stadium des stummen Bildes ab. Sie löst sich aus ihrer historischen Versteinerung und fängt an, eine eigene, nicht mehr bloß wiederspiegelnde Identität zu entwerfen. Dieser eben erst beginnende Prozeß läßt sich nur mit der Vorstellung einer »Offenheit« umschreiben, die die vorhandenen männlichen Rituale allmählich untergräbt: Diese Offenheit folgt jedoch nicht aus mystifizierter Weiblichkeit; sie folgt aus dem fremden und genauen Blick der Frau, die immer draußen stand, immer auf die Ränder verwiesen war, auf eine fertig vorgefundene Wirklichkeit.
Der Selbstversuch könnte, sollte jetzt endlich beginnen.

Ausgewählte Literaturliste

Gustav Flaubert, Madame Bovary, 1856
Frank Wedekind, Erdgeist oder Die Büchse der Pandora, 1898
Friedrich Schlegel, Lucinde, 1799
ders., Kritische Schriften, 1797
Johann Wolfgang von Goethe, Die Wahlverwandtschaften, 1809
Sigmund Freud und Josef Breuer, Studien über Hysterie, 1895
Franziska zu Reventlow, Gesammelte Werke, 1925
Ingeborg Bachmann, Malina, 1972
Christa Wolf, Selbstversuch, 1972
Verena Stefan, Häutungen, 1976

Johann Peter Eckermann, Gespräche mit Goethe, 1836
Ingeborg Bachmann, Sämtliche Erzählungen, München 1978
John St. Mill, Harriet Taylor Mill, Helen Taylor, Die Hörigkeit der Frau, Texte zur Frauenemanzipation (1869), Frankfurt 1976
Hrsg. von Katja Behrens, Frauenbriefe der Romantik, Frankfurt 1981
Gustave Flaubert, Briefe, Stuttgart 1964
Friedrich Nietzsche, Werke in drei Bänden, München 1966
Luce Irigaray, Waren, Körper, Sprache, Der verrückte Diskurs der Frauen, Berlin 1976
dies., Das Geschlecht das nicht eins ist, Berlin 1979
dies., Speculum, Frankfurt 1980
Ernst Bloch, Das Prinzip Hoffnung, Frankfurt 1959
Theodor W. Adorno, Max Horkheimer, Dic Dialektik der Aufklärung, Frankfurt 1969
Theodor W. Adorno, Minima Moralia, Frankfurt 1951

Karin Hausen, Die Polarisierung der »Geschlechtsrollencharaktere« – in Seminar: Familie und Gesellschaftsstruktur, hrsg. Heidi Rosenbaum, Frankfurt 1978
Hans Mayer, Außenseiter, Frankfurt 1975
Klaus Theweleit, Männerphantasien, Frankfurt 1977
Karen Horney, Die Psychologie der Frau, München 1977
Rossana Rossanda, Einmischung, Frankfurt 1980
Christa Reinig, Das weibliche Ich, Medusa, Berlin 1976
Silvia Bovenschen, Imaginierte Weiblichkeit, Frankfurt 1979
Hrsg. Ute Gerhard u. a., »Dem Reich der Freiheit werb' ich Bürgerinnen«, Die Frauen-Zeitung von Louise Otto, Frankfurt 1980
Christa Wolf, Der Schatten eines Traums, Caroline von Günderrode, Darmstadt 1979
Hans Eberhard Richter, Der Gotteskomplex, Hamburg 1979